나 ⌣ 는
사 회 적
기업이다

나는 사회적 기업이다

1판 1쇄 인쇄 2018년 10월 23일
1판 1쇄 발행 2018년 10월 31일

지은이 이나현
펴낸곳 도서출판 비엠케이

편집 김미진
디자인 아르떼203
제작 (주)꽃피는청춘

출판등록 2006년 5월 29일(제313-2006-000117호)
주소 121-841 서울시 마포구 성미산로10길 12 화이트빌 101
전화 (02) 323-4894 팩스 (070) 4157-4893
이메일 arteahn@naver.com

값은 뒤표지에 있습니다.
ISBN 979-11-955415-9-1 03320

「이 도서의 국립중앙도서관 출판시도서목록(CIP)은 서지정보유통지원시스템 홈페이지(http://seoji.nl.go.kr)와
국가자료공동목록시스템(http://www.nl.go.kr/kolisnet)에서 이용하실 수 있습니다.(CIP제어번호 : CIP2018031667)」

"이 도서는 한국출판문화산업진흥원의 출판콘텐츠 창작 자금 지원 사업의 일환으로 국민체육진흥기금을 지원받아 제작되었습니다."

나는
사회적
기업이다

이나현 지음

Book

기업 대표들을 만나 마케팅에 관한 조언을 하면 '맞는 얘기지만 이상적'이란 말을 많이 듣는다. 나도 오랫동안 사업을 했기에, 그들의 입장이라면 그렇게 반응할 것 같다. 사업은 불가능한 꿈을 꾸고 현실로 만들어가는 일이다. 사회문제를 해결하며 기업 활동을 하는 사회적 기업은 더욱 그렇다. 이 책에는 이상을 현실로 만들어가는 이나현 대표님과 ODS의 이야기가 생생히 담겨 있다. 세상을 바꾸고 싶은 혁신가에게 이 책을 추천한다.

— 오승훈 공익마케팅스쿨 대표·서울시 지역상권활력센터장

어쩌다 사회적 기업, 사회적 경제를 이해하기 시작하면서 멀쩡하게 운영하던 무역회사를 '사회적 기업'으로 전환하고자 직원들을 설득하기 시작했지만 결국 '인증 요건'이 미흡하여 사회적 기업으로의 전환을 못하고 있었다. 그래서 얄팍하지만 사회적 경제에 대해 공부를 더 하게 되었고, 이후 몇 가지 준비를 마치고 처음으로 맞이한 수강생이 (주)ODS의 이나현 대표다.

세월이 흘러, 거의 모든 사회적 기업가가 피해가지 못하고 겪었을 고비마다 긍정적 사고와 적극적인 노력으로 이제 대구 지역은 물론 다문화 이해와 교육의 선봉에 선 '청출어람'이 되었다. 그 바탕이 언제나 그의 심지 굳은 리더십이었음을 공감한다.

"돈을 많이 벌어 좋은 일을 많이 하는 착한 기업을 만들고 싶어서입니다"라는 그의 깊은 뜻을 누구보다 잘 이해하고 응원한다. 끊임없이 세상을 향해 도전하는 사회적 기업가들의 진정한 멘토가 되어, "얼마를 벌었는가보다 얼마나 나누었는가가 더욱 소중한 기업의 성공 요건"이 되는 그날을 나 역시 기원하며, 이나현 대표는 물론 ODS와 한국의 모든 사회적 기업가에게 뜨거운 박수를 보낸다.

— 이미경 르호봇 상무이사

이 나현 대표는 대구 지역의 대표적인 사회적 기업가다. 자칭 "명확한 개념 없이 미약한 철학"으로 시작했지만 지금은 손꼽히는 사회적 기업 대표로 '내공 있게' 성장했다. 자수성가형 사회적 기업가인 이나현 대표가 쓴 이 책은 "창업부터 성장 단계별 구체적인 예시와 모델을 통해" 사회적 기업을 하려는 분들의 고민에 동행하고 싶은 선배로서의 책임감에서 출발해 기술되었다. 이 책은 이 대표의 분신 같은 사회적 기업 (주)ODS다문화교육연구소의 성장 기록이기도 하지만, 이 대표 자신이 좌충우돌하면서 한 단계 한 단계 걸어온 사회적 기업가로서 성장일기이기도 하다. 따라서 인간적인 냄새 가득한 사회적 기업 지침서로서도 손색 없다.

이 책의 문장은 간결하고 쉽다. 사례들이 적재적소에 기술되어 이해하기도 쉽다. 이론적인 것이 아닌, 현장에서 부딪히는 실용적인 내용도 '실수하지 않도록' 꼼꼼히 담고 있다. 사회적 기업을 하고자 뜻을 세운 이들에게는 "현실적인 감각 속에 방향을 배우게 하고" 이미 사회적 기업을 하며 고군분투하는 이들에게는 "공감과 연대를 확인하게 하는", 그래서 감히 추천하고 싶은 책이다.

— 김재경 (사)커뮤니티와 경제 소장

번데기가 번데기에게

여기, 나비가 되는 꿈을 꾸며 열심히 꿈틀거리는 어린 '번데기'가 있다. 이 번데기는 지금은 어리고 미숙하지만 앞으로의 성장 가능성이 크다. 그런데 번데기란 미숙하기만 한 존재일까? "번데기 앞에서 주름 잡는다"라고 하지 않는가. '주름 잡힌 번데기'란 뭘까? 이 경우에는 흔히 경험 많은 노련한 사람이나 전문가를 빗댄다.

내가 바로 "주름 잡힌 번데기다"라는 말은 감히 못하겠다. 깊이와 연륜을 가진 분들과 뛰어난 아이디어와 행동력이 강점인 청년들이 나의 선배이자 후배이기 때문이다. 그런 의미에서 번데기란 이중적인 특성과 의미를 함축한다.

우리는 모두 번데기의 이런 이중성을 지니고 있지 않을까!

사회적 기업에 대한 관심이 유례없이 뜨겁다. 매스컴에서는 연일 사회적 기업의 사례를 소개하고, 사회적 기업 창업아카데미 수강생 모집은 창업을 준비하는 청장년들이 몰려들어 조기 마감된다. 전국 여러 대학에서는 사회적 + 기업에 대한 강좌가 열리고, 관련 대학원 강의도 제법 만들어졌다.

그 와중에 나는 사회적 경제 대학원을 졸업했고, 인터뷰 요청, 컨설팅 제안, 각종 강연 등에 응하느라 눈코 뜰 새 없는 시간을 보내고 있다. 사회적 기업에 대한 인식과 환경이 이렇게 하루아침에 바뀌고 있다니, 나로선 아직 놀라울 따름이다.

그런데 시간이 흐를수록 이 현상이 마냥 달갑지만 않은 것은 왜일까? 서점에는 사회적 기업 창업 매뉴얼이 넘쳐나고, 사회적 기업을 돕는 중간지원 조직 수도 늘어나고 있지만, 사회적 기업을 손쉽게 사고 팔고, 컨설턴트라는 가면을 쓴 지원금 사냥꾼들이 활개치는 등 부작용도 함께 증가하고 있다. 정작 가장 중요한, 사회적 기업에 대한 근본적인 인식과 성찰을 중시하는 모습은 찾아보기 힘들다.

사회적 기업이 이슈화될수록 본질보다는 현상에만 집중하는, 철학 없는 사회적 기업가들이 너무 쉽게 양산된다. 기본 철학에 충실하지 않은 사회적 기업을 만들어내는 것은 오히려 사회 내 부정적 시각과 요소를 하나 추가하는 일일 뿐이다.

나 역시 명확한 개념 없이 미약한 철학으로 사회적 기업을 시작해서 많은 시행착오와 정체성의 혼란을 겪어왔다. 그리하여 많은 교육과 학습, 컨설팅, 실패와 성공, 갈등이라는 경험을 통해 개념을 다지고, 철학을 미션으로 이끌어낼 수 있었는데, 문제는 10여 년이 흐른 지금도 이제 시작하는 사회적 기업가들은 10년 전의 나와 비슷한 과오를 여전히 되밟고 있다.

어찌 된 일일까? 노하우는 왜 개별 기업에게만 쌓일까?

셀 수 없이 많은 지침서에도, 중간지원 기관의 교육과 설명에도, 컨설턴트의 상담에서도 얻을 수 있는 건 '왜?'라는 질문이 아니라 '어떻게?'라는 방법들뿐이다.

사실 현장에서는 '왜?'라는 질문을 불편해한다. 의심과 성찰에서부터 시작된 질문이기 때문일 것이다. 사회적 기업을 '어떻게' 꾸리는가보다는 '왜' 꾸리는가에 대한 질문과 답이 생략된 채 오늘도 사회적 기업은 무수히 탄생하고 있다.

하지만 불편하다는 이유로 '왜?'라는 질문을 외면한 채, 반응이 좋은 '어떻게?'라는 질문에 집중한다면 사회적 기업라는 이름에 구태여 '사회적'이라는 말이 붙을 필요가 없지 않을까?

그래서 나는 먼저 나와 우리(ODS)에게 '왜?'라는 질문을 던져보았다. 그리고 나부터라도 나 지신과 우리 조직(ODS)이 지나온 흔적, 현재, 그리고 앞으로 가야 할 길을 짚어봐야겠다고 생각했다.

기억을 더듬어보자. 수년 전 내가 창업할 때는 어떠했던가?

창업의 과정을 되짚어보고 회사가 조금씩 진화해가는 과정들을 글로 정리하는 과정에서 문득 이런 의문이 들었다. '왜 내게는 적절한 시기에, 적합한 멘토가 없었을까?' 내가 사회적 기업을 창업하기 전에 이 길을 먼저 간 선배 사회적 기업가가 다양한 경험담들을 들려주고 공유해주었다면 얼마나 좋았을까.

초창기에는 알지 못해서 수많은 실수를 했고, 스스로 바로잡고 배우기까지 시간과 비용이 너무 많이 들었다. 만일 선배들의 조언이나 정보를 나눌 수 있었다면 조금 더 빨리 안정적으로 성장할 수 있지 않았을까? 경험자라면, 선배라면, 그런 노하우들을 공유해야 마땅하지 않을까?

당시 나는 그들의 성공 사례 못지않게 실패 사례를 알고 싶었다. 닥친 문제를 해결해야 할 때는 실패 사례가 약이 될 때가 더 많다. 그리고 그들의 철학이 담긴 당부도 듣고 싶었다. 사실, 그래서 이 글에는 성공담보다는 실수하고 좌절하고 실패한 이야기가 더 많다. 마약 같은 정부 지원제도에 대한 비판도 거르지 않았고, 그 과정에서 한국의 사회적 기업들의 정체성을 의심하기도 한다.

이 책은 바로 이러한 마음에서 출발했다. 나는 비록 힘들었지만, 매뉴얼에서의 수월함이 아니라 창업부터 성장 단계별 구체적인 예시와 모델을 통해 그 시기의 기업들이 어떤 고민을 하고 어떤 문제들을 만날 수 있으며, 어떻게 해결해나가는지 보여주어, 미래에 닥칠 문제들을 미리 인지하고 준비할 수 있도록 도움이 되었으면 좋겠다.

지금도 나는 사회적 기업가라면 대부분 겪을 일들을 여전히 겪고 있고, 비슷한 고민들로 끙끙댄다. 아직도 실수를 반복하는 미숙한 번데기 사회적 기업가일 뿐이다.

하지만 중요한 것은 이제 더 이상 정체성에 대한 혼란도 없고, 지속 가치와 가능성에 대해서도 일절 의심이 없는, 선배보다는 후배가 많은 선배 사회적 기업가가 되었다는 것이다.

그렇게 되기까지 내적으로 정체성을 확립해가는 과정과 동기, 외적으로 성장하며 변화하는 과정들이 있었다. 그 과정을 공유하는 나와 ODS의 이야기가 이제 막 사회적 기업을 준비하는 예비 창업가나, 초기 단계의 기업들이 고민을 나누고 덜어내는 데 현실적인 도움이 될 수 있길 기원한다.

2018년 10월 이나현

8장 _____ 이야기를 해라

얼마를 벌었는가보다
얼마나 나누었는가가
기업의 성공 요건이 되는 날을 기원하며

1장 _____

왜 사회적
기업인가?

착한 기업이 되겠다?

가장 쉽고, 흔한 오류!

1 사회적 기업과 비영리 단체

사회적 기업을 창업하기 전까지는 나 역시 사회적 기업과 비
영리 단체를 구분하지 못했다. 사회적 기업 창업 아카데미에서 교
육받을 때 겨우 다음과 같은 사전적 의미 정도의 설명을 들었다.

- **사회적 기업**(SE: Social Enterprise)
  취약계층에게 일자리나 복지 서비스를 제공하는 등 사회적 목
  적을 위해 영업하는 기업이다.　　　　　－학습용이 사진

- **비영리 단체**(NPO: Non Profit Organization)
  소유주나 주주를 위해 자본의 이익을 추구하지 않는 대신, 그
  자본으로 어떠한 목적을 달성하는 단체를 말한다. 반대 개념
  으로는 영리법인, 넓은 의미로는 특수법인 인가법인 두으 비
  롯한 공공 단체(공법인)도 포함한다. 좁은 의미로는 비영리로

사회공헌 활동 또는 자선 활동을 하는 시민단체로 정의하고
있다.
– 위키백과

둘 다 사회를 위해 일을 한다는데, 알 듯 모를 듯 구분도 안 되
고 다른 사람에게 설명하는 것은 더더욱 어렵다. 그래서 이 장에서
는 먼저 사회적 기업과 비영리 단체의 차이점과 공통점 등 두 조직
형태에 대해 약간 알아보겠다. 단, 여기서는 쉽게 이해하기 위해
좁은 개념의 비영리 단체의 사례를 들겠다.

사회적 기업 중에는 모태가 비영리 단체인 곳이 많고, 많은
사회적 기업가들은 여전히 비영리 민간단체의 정체성을 가지고
있다. 둘의 공통점은 공공의 문제를 해결하는 것이 조직의 목적이
라는 점이고, 명확한 차이점은 문제를 해결하는 방법이 다르다는
것이다.

문제를 해결하기 위해서는 3가지 조건이 필요하다.

1. 자금의 출처(수익 창출 방법)

2. '누가 수익을 가져가는가'(수익의 귀속 대상)

3. 활동의 주체는 누구인가?

자금의 출처는 어떻게 다른가?

- **사회적 기업**: 출발할 때 정부 지원금을 바탕으로 성장하는
  경우가 많지만, 궁극적으로는 원래 하고자 했던 영리사업

활동으로 돈을 벌고 다시 이 돈을 사회문제 해결에 사용한다.

- **비영리 민간단체**: 기부금, 출연금 등을 지원받아 다양한 사회적 문제들을 해결하는 방법을 찾고 실행한다.

요약하면 비영리 단체의 주된 수익 창출 방법은 기부금과 출연금이고, 사회적 기업의 수익 창출 방법은 고유의 영업 활동이다.

예를 들어, 현재 내가 운영 중인 ㈜ODS(구 ODS다문화교육연구소, 이하 ODS)는 사회적 기업이다. ODS의 운영은 지원금이나 기부금보다는, 결혼이주여성들과 함께 만든 교재와 교구 판매와 다문화 체험 프로그램, 세계시민교육, 평생교육 방과후학교 프로그램 위탁 운영 등에서 발생하는 수익금에 주로 의존한다. 이 수익으로 구성원들의 급여도 주고 회사도 운영하고 사회공헌 사업도 하고 있다.

한편 ODS와 비슷한 성격의 일을 하는 '다올'이라는 곳이 있다. '다올'은 ODS와 마찬가지로 결혼이주여성들을 다문화 이해 교육강사로 양성하고, 수업을 할 기회도 주는 등 다양한 교육 활동을 하고 있다. 다만 ODS와 크게 다른 점은 활동 자금을 직접 벌지 않고 주로 복지관이나 관악구청, 서울시 등에서 지원받는다는 거나. '다올'의 신경임 대표는 매해 지자체와 복지관의 지원 사업에 주의를 기울이며, '다올'의 이념과 부합하는 지원 사업이 있으면 사업계획서와 지원서를 작성해 제출하고, 선정이 되면 지원금을 받아 수업을 진행한다. 때로는 부족한 자금을 메우기 위해 신경임 대표의 자비를 보태기도 하고 주변에서 기부금을 받기도 한다. 간혹 지역 축제나 행사에 나가서 물품을 판매하여 수익금을 만들기도 하는데 그것이 주 수익원이나 활동비가 될 만큼 충분하지는 않다. 그러므로 '다올'은 비영리 단체다.

누가 수익을 가져가는가?

쉽게 말해, 단체나 기업의 통장에 있는 돈은 '누구의 것인가'이다. 비영리 단체의 통장에는 주로 기부금이나 출연금 등이 있는데 이 돈은 영업이나 제조 활동, 서비스 제공 활동의 보상금이 아니다. 즉 수익금이 아니다. 자원봉사나 목적사업 활동을 통해 취약계층을 위해 전액 사용해야 하기 때문에 결국 이 돈들은 '다올'의 돈이 아니라 취약계층에게 귀속된다. 만약 돈을 받고도 사업을 하지 않으면 그 돈은 지원해준 단체나 기관으로 반납해야 한다.

반면, 사회적 기업은 스스로 번 수익의 60퍼센트 이상은 사회문제 해결이나 취약계층을 위해 사용하지만, 나머지는 주주나 출자자에게 배당하기도 하고, 나중의 사업을 위해 저축하기도 한다.

ODS는 만 4년 간의 정부 지원제도를 졸업하고 현재 100퍼센트 자체 영업 활동을 통한 수익금으로 인건비를 부담하고 있으며,

사회공헌 사업도 자체 역량으로 이루어내고 있다. 여기서 이루어 낸 수익금은 온전히 ODS의 것이라고 자신 있게 이야기할 수 있다.

하지만 앞에서 예를 든 '다올'의 경우, 다양한 공익 사업을 진행하고는 있지만 통장에 있는 지원금은 '다올'의 것이라고 말할 수 없다. 사업을 포기하면 지원처로 온전히 다시 반납해야 하고, 다올의 활동가들의 인건비나 급여로 사용할 수 없다.

활동 주체는 누구인가?

사회적 기업의 주체는 사회적 기업가와 기업의 구성원, 즉 직원이다. 그리고 구성원의 50퍼센트 이상이 취약계층이다. 이들은 기업을 통해 영업 활동이나 생산 활동, 서비스 제공 활동을 해서 직접 벌어 자기 자신과 취약계층을 함께 돕는다.

반면, 비영리 단체는 시민활동가, 자원봉사자, 사회복지사 등, 사회적 취약계층을 지원하고 돕기 위한 주체들로 구성되어 있다. 이들은 생업이 따로 있기도 하고, 단체의 활동에만 전념하기도 한다. 여기서는 이해하기 쉽게 한 가지 형태를 예로 들겠다(특수 목적의 비영리 단체의 경우는 좀 다르다).

ODS의 활동 주체는 이미 소개했듯이, 취약계층 고용 비율 50퍼센트라는 요건 외에는 일반 기업과 다를 바가 없다. 반면 '다올'의 활동 주체는 신경임 대표와 신 대표를 돕는 자원활동가들로 구성되어 있다. 이들은 자율적인 결속력이 있지만 강제성 있는 의

무감은 선택 사항이다.

사회적 기업과 비영리 단체의 차이점

차이점	사회적 기업	비영리 단체
자금의 출처 (돈은 어떻게 버는가?)	제한적 정부 지원금, 자체 영업 활동이나 생산 활동을 통한 수익금	출연금, 기부금, 약간의 수익금이 생기기도 함
수익의 귀속 (통장의 돈은 누구의 것인가?)	제한적 정부 지원금 외에는 사회적 기업에 귀속	잠시 맡겨질 뿐 사업을 통해 특수 목적이나 대상을 위해 전액 사용되어야 한다.
활동 주체 (누가 주로 활동을 하는가?)	사회적 기업가, 임원 및 직원	시민운동가, 자원봉사자 등
설립 방법 (어떻게 만드는가?)	지자체나 정부 부처와 중간지원 조직의 추천과 고용노동부의 인가	해당 지자체나 정부 부처에 신고 또는 허가

원칙은 위와 같다. 하지만 비영리 단체 중 다수가 영리 활동을 하여 사회적 비난을 받는 경우가 있고, 사회적 기업이 수익을 제대로 내지 못해 기부금이나 지원금에 목매는 경우가 허다하다.

영리 활동을 하여 돈을 벌어 사회적 목적에 쓰고 싶다면 사회적 기업이나 착한 기업(다음 장에서 사회적 기업과 착한 기업에 대해 이야기하겠다)이 되어야 하고, 기부금이나 지원금에 의존해 활동을 지속하고 싶다면 비영리 단체를 운영해야 한다.

사회적 기업과 비영리 단체의 개념을 정확히 파악하고 구분할 줄 아는 것은 매우 중요하다. 정체성을 분명히 알고 그에 맞는 조

직 형태를 갖추어야 향후 기업이나 단체의 사업 방향이 명확해지
기 때문이다.

2 　사회적 기업, 사회적인 기업, 착한 기업

사회적 기업은 착한 기업이다. 그러나 착한 기업이 모두 사회
적 기업은 아니다. 사회적 기업의 정의와 정부 지원과 혜택, 우수
사례 등을 들어보면 굉장히 매력적이다. 그래서 대학 강의나 창업
설명회 등에서 사회적 기업의 사례를 접하고 창업을 꿈꾸고 준비
하는 사람들이 점점 많아지고 있다.

특히 정부의 사회적 기업 육성 정책이 사람들의 관심을 끄는
데 아주 중요한 역할을 하고 있다. 그중 교육 분야나 다문화를 키
워드로 사회적 기업을 준비하는 사람들이 간혹 인터뷰나 상담
을 요청해와 그들의 사업계획이나 방향에 대한 이야기를 자주 듣
는다.

나는 그들에게 묻는다.

"왜 사회적 기업을 하려는 건가요?"

그러면 십중팔구 이렇게 대답한다.

"돈을 많이 벌어 좋은 일을 많이 하는 착한 기업을 만들고 싶어서입니다."

나는 고개를 끄덕인다. 그러나 고개를 끄덕인다고 해서 공감이나 동의를 뜻하는 게 아니다. 솔직한 나의 대답은 이렇다.

"돈을 벌어 좋은 일을 하겠다면 그냥 돈 많이 벌 수 있는 일을 찾으시길 권합니다. 안타깝게도 사회적 기업은 돈을 많이 벌 수 있는 구조를 가지고 있지 않답니다."

사회적 기업은 왜 착한 기업인 거요?

ODS가 사회적 기업이 되고 2년째 되던 2014년 10월, 대구 팔공산에 있는 한 연수원에서 사회적 기업가들을 대상으로 마케팅 교육이 진행된 적이 있었다. 그때 교육 강사가 나에게 질문을 던졌다.

첫 번째 질문.

"ODS 사업의 본질이 무엇이오?"

두 번째 질문.

"ODS가 사회적 기업인 건 인정하는데, 사회적 기업은 왜 착한 기업인 거요? 사회적 기업이면 다 착한 기업인 거요?"

이런 질문을 듣고 묘하게 기분이 나빴는데도 당시에는 명확하게 대답하지 못했다. 다른 참가자들에게도 같은 질문을 했다 쉬는 시간 화장실에 모인 참가자들은 모두 수군댔다. "저 사람 사회적 기업이 뭔 줄 모르나봐", "사회적 기업을 제대로 이해 못하고 있는 것 같은데?", "좀 건방지죠?" 등등.

그런데 정작 참가자 중 누구도 그의 질문에 자신 있게 대답하지 못했다.

참가자들은 마케팅은 가르쳐주지 않고 질문만 던지는 교육 과정에 강한 불만과 반감을 표시했고, 결국 몇몇은 교육 과정을 마치지 않고 퇴장해버리거나 다음 교육에도 참여하지 않았다.

"사회적 기업은 착한 기업이다"라는 명제가 성립하기에 현실은 녹록치 않다. 사회적 기업들 중 비도덕적인 행위로 폐업 하는 경우도 많고, 성업 중이지만 도덕적 비난을 받고 있는 기업도 있다. 결정적으로 '사회적 기업가인 우리는 과연 착한 사람인가?'라는 양심의 질문으로 연결되면 감히 확답을 할 수 없다.

사회적 기업 말고도 세상에는 착한 기업들이 참 많다. 그 기업들 앞에서 감히 '사회적 기업은 착한 기업이다'라고 말하기조차 부끄러울 때가 많다. 돈을 많이 벌어 좋은 일을 제대로 하는 기업, 적게 벌어도 소리 소문 없이 나눔을 실천하고 있는 소상공인들. 그들은 사회적 기업이라는 타이틀도 없고, 착한 일을 한다고 투자를 더 받는 것도 특혜를 더 받는 것도 아니다. 그들 앞에서 사회적 기업의 사회공헌 활동은 오히려 작아지는 느낌이다.

사회적 기업과 착한 기업은 어떻게 다른가?

2014년 그날, 마케팅 교육 강사였던 오승훈 공익마케팅스쿨 대표는 사회적 기업과 착한 기업을 구분하는 기준을 이렇게 정리했다.

"사회문제 해결을 위한 명확한 관점이 있는가? 없는가?"

첫 번째 질문, "ODS 사업의 본질이 무엇이오?"

이 질문은 ODS가 해결하려는 사회문제를 명확히 인지하고 있는지 확인하는 질문이었다.

두 번째 질문, "ODS가 사회적 기업인 건 인정하는데, 사회적 기업은 왜 착한 기업인 거요? 사회적 기업이면 다 착한 기업인 거요?"

이 질문우 일반 기업 중 착한 기업들이 기지고 있는 좋은 의도와 사회적 기업의 목적인 사회문제 해결을 위한 미션(소셜 미션)을 제대로 구분하고 있는지에 대한 확인이었다.

여기서 추가 질문 몇 가지!

"착한 기업은 좋은 기업인가?"

⇨"그럴 수도 있고 아닐 수도 있다."

"나에게 좋은 기업이면 착한 기업일까? 나에게 좋은 기업이 아니면 나쁜 기업인가?"
⇨"정확하게 아니다."

"그렇다면 사회적 기업은 누구에게나 좋은 기업이고, 언제나 착한 기업인가?"
⇨"이것도 정확하게 아니다."

즉 "사회적 기업은 착한 기업이고 착한 기업은 좋은 기업이다. 따라서 사회적 기업은 좋은 기업이다"라는 식의 인식과 개념은 곤란하다는 의미다.

여담이지만, 솔직히 말해 나 역시 사회적 기업가이기 때문에 이미지 관리를 하느라 여간 힘든 게 아니다. 왜냐하면 많은 사람들이 사회적 기업가들에게 가지는 기대가 '착한 그대'이다 보니, 착하게 보이려고 엄청난 노력을 하게 된다.

정말 바쁜 시기에 인터뷰 요청이 와도 어떻게든 만날 시간을 잡고, 전화 인터뷰에는 즉시 응하고, 지면 인터뷰도 거절하기 힘들다. 계속 쏟아져 들어오는 수많은 인터뷰 요청에 모두 응답해야 하므로 나는 인터뷰 질문지를 1년 내내 컴퓨터 바탕화면에 깔아두고 산다. 물론 내가 그런다고 우리 기업이 착한 기업이 되는 건 아니지만 대표의 이미지가 곧 기업의 이미지이다 보니 기꺼이 감내하고 있다.

사회적 기업이라는 형태의 착한 기업을 만들고 싶은가? 그렇다면 몇 가지 감당해야 할 것이 있다.

우선, 수익을 벌어들이는 방법, 즉 비즈니스 모델 안에 돈을 버는 것과 동시에 사회문제를 해결하는 방법이 공존해야 한다. 그리고 회사에 최상의 수익을 안겨줄 능력자들보다는 취업 기회가 적은 취약계층을 주로 채용해야 한다.

예를 들어, ODS의 주 사업은 어린 학생들부터 일반 성인에 이르기까지 우리 세계의 다양한 문화를 폭넓게 이해시키고, 인종 차별, 민족 차별의 부당함을 가르치며, 나아가 다문화 사회를 보는 안 좋은 인식을 개선하는 교육이다. 이 교육사업의 목적은 다문화 사회의 문제 해결이다. 이를 위해 담당 교육 강사로 다문화 사회의 주체인 결혼이주여성들을 채용함으로써 취약계층의 취업도 돕는다.

사회문제 해결에 앞장 서는 '사회적인' 기업

그런데 사회적 기업은 아니지만 나름의 의식을 가지고 사회에 공헌하는 착한 기업들이 있고, 법적으로 사회적 기업은 아니지만 사회문제 해결을 위한 명확한 관점을 가진 사회적인 기업들도 있다.

　청년 CEO 박성익 대표가 운영하는 '아울러'는 착한 기업으로 불린다. '아울러'는 지역 내에서 다양한 경험을 하며 성장한 청년들과 지역 중고등학교 청소년들이 만나 간접적으로 자신들의 인생 이야기를 체험할 수 있는 '사람 도서관'이라는 대화의 장을 만드는 활동을 하고 있다. 왕따, 일진, 비행, 불행한 가정사에서부터 여행, 성공, 도전에 이르기까지 사람들의 다양한 인생 이야기를 발굴해서 정리한 후 학교나 기관을 찾아가 청소년들과 대화하며 소통의 장을 연다.

　박성익 대표 역시 방황했던 십대 시절, 여행을 통해 다양한 사람을 만나면서 많은 변화를 경험했다며, 다른 사람들도 여러 사람과의 관계 속에서 변화가 일어나지 않을까 하는 바람을 가지고 이 사업을 시작했다고 한다. 다양한 경험을 육성으로 이야기해주는 '사람책'이 있고, 그 이야기를 들으며 동기 부여를 받고 변화하고자 하는 독자가 있는 이 기업의 비즈니스 모델은 유럽의 "사람책 도서관Human Library"이다.

　이 프로그램은 덴마크 출신 사회운동가 로니 아버겔Lonni Abergel이 주창한 것으로, 2000년 한 페스티벌에서 처음 선 보인 이후 유럽에서 빠르게 확산되었다.

　'아울러'는 정부에 사회적 기업 인증 신청을 하지 않았다. 그 이유는 사람책 프로그램의 특성상 다수의 다양한 사람들이 상황에 따라 불규칙적으로 필요하므로, 지속적이고 안정적인 수익을 만드는 것이 힘들기 때문이다. 또한 당장의 재정적·제도적 지원보다는 자신만의 색을 잃지 않고 뜻한 바를 이루고자 정부지원 제도를 활용하지 않기로 했다고 한다. 사회문제를 해결하는 비즈니스 모델을 가지고 있지만, 취약계층을 지속적으로 채용하기 힘들기 때문에 '아울러'는 사회적 기업이 아니다. 하지만 사회적인 기업이며 착한 기업이다.

착한 기업은 그냥 착한 기업

　이 밖에 사회적 기업도 아니고 사회적인 기업두 아닌데 기부나 다양한 봉사활동 등을 해서 사회에 기여하는 기업들이 많다. 우리는 이런 기업들을 '착한 기업'이라고 부른다.

착한 기업이라는 이미지는 기업의 영업 활동에서 매우 중요한 요소다. 그래서 많은 대기업이 사회공헌 사업팀을 별도로 운영하고, 사회복지를 지원하기 위한 다양한 지원 사업을 매해 펼치고 있다. 하지만 우리는 대부분의 대기업을 착한 기업이라고 부르지는 않는다. '그 정도는 당연히 사회에 환원해야지'할 만큼만 사회공헌 사업에 사용하는 경우가 대부분이고, 기업의 역량과 가진 부에 비해 생색내기식의 사회공헌 활동을 하는 경우가 많기 때문이다. 기업이 가진 것이나 수익에 비해 기대 이상으로 기여할 때, 그제서야 사람들은 그 기업을 착한 기업으로 인정하기 시작한다. 이처럼 사회적 기업이든 사회적인 기업이든 착한 기업이든 뭐 하나 쉬운 게 없다.

그러니 당신이 창업하고자 하는 기업이, 또는 운영 중인 기업이 사회적 기업인지, 사회적인 기업인지, 착한 기업인지, 아니면 많이 벌어 조금만 기부하겠다는 건지 잘 생각해보기 바란다.

사회적 기업을
한다면, 이들처럼

변화를 기원한다

이 글의 목적은 나의 도전과 성취의
자랑이 아니다.
독자의 변화다.
그것이 관심이든, 의식이든, 도전이든
변화에 도움이 되기를 진심으로 바란다.
꼭 사회적 기업가가 되어야겠다고
결심했거나,
사회적 기업에 대해 조금 더
자세히 알고 싶다면
지금부터 소개하는 이야기들에
귀 기울여보기 바란다.

1 ODS다문화교육연구소 창업 도전기

"'ODS'가 무슨 뜻이에요?"

내가 가장 많이 받는 질문 중 하나다.

대외적으로 'ODS'는 'Our Dream in Society'의 약자로 "사회에서 함께 이루고자 하는 우리들의 꿈"이라는 뜻이고, 대내적으로는 '옹달샘'의 약자로, "우리 사회의 옹달샘 같은 교육기업이 되어보자"는 의미를 담고 있다. 회사의 이름과, 이름이 가진 이중적 의미는 내가 제안했고, 함께 창업을 준비했던 동료들이 동의해주었다.

나는 2009년부터 개인사업자로 평생교육 분야 강사를 파견하고, 교재와 프로그램을 공급하는 일을 하고 있었다. 당시 함께 일하는 강사는 16명이었다. 당시 맨 처음 운영했던 프로그램은 평생교육 프로그램 중 경력 단절 여성들을 위한 방과후 강사 양성 과정이었다.

당시 회사의 이름은 'ODS교육연구소'였는데, 제대로 된 방과후학교 교육 프로그램 개발업체라는 뜻의 'Original Development (after)School'의 약자였다.

투자 대비 시간적 여유와 수익도 나쁘지 않아 나름대로 만족하며 여유 있게 사업을 펼치던 즈음, 방과후 강사 양성 과정 프로그램 중 수학 지도사 과정을 수강하러 온 2명의 필리핀 결혼이주여성으로 인해 변화가 시작되었다.

결혼이주여성들과의 첫만남

방과후 수학 지도사 과정이 개강하던 날, 첫 수업이 끝날 때쯤 강사에게서 난처한 목소리로 전화가 왔다 "우리 수업에 외국인이 2명 왔어요. 어쩌죠?"

이건 예상에 없던 시나리오다.

"우리말은 잘하나요? 어느 나라 사람인가요?"

그날 오후 담당자한테서 전화가 왔다.

"이분들이 수업을 꼭 듣고 싶어 하는데 수강해도 되는 거 맞죠?"

"네, 하지만 쉽지 않을 텐데 이 과정을 왜 들으려고 하는 거지요?"

담당자도 이유를 몰라서, 나는 다음 수업이 있던 날 외국인 수강생들을 만나러 갔다. 도대체 왜 한국인들도 어려워하는 수학을 공부하려는 건지 물어보고 싶어서였고 막연한 호기심도 발동했다.

까무잡잡한 피부에 생각보다 어리고 착해 보이며, 우리말도 잘 하는 두 필리핀 여성과 만났다. 그들은 수학 지도사 양성 과정을 꼭 듣고 싶다고 했다. 아이들 때문이란다.

두 여인의 아이들은 그해 초등학교 1학년이 되었단다. 교과서를 집으로 가지고 왔는데 수학 교과서를 보니 굉장히 쉬운 내용이더란다. 당시 초등학교 1학년 1학기 첫 단원은 생활 속에 있는 다양한 물체에서 도형의 모양을 찾아내고 도형의 개념을 익히는 단원이었다.

필리핀에서 온 엄마는 아이에게 예습도 시킬 겸 수학 교과서 첫 단원을 펼쳐 축구공 모양 그림을 가리키며 "이건 동그라미야"라고 했단다. 그런데 아이가 "아니야 엄마, 그건 원이야"라며 교과서를 휙 뺏어가더란다.

엄마는 섭섭함과 동시에 일상의 용어와 교과서 용어가 다를 수 있다는 것을 알았고, 이것을 모르면 앞으로 아이들을 교육하고 키우는 데 큰 걸림돌이 될 것 같아 아이가 학교에서 무엇을 배우는지 알고 싶어서 왔다고 했다.

멍한 상태에서 누가 한 대 툭 치는 느낌이었다. 나와는 다른 세상에서 살 것 같은 그들은 같은 여자였고, 같은 꿈을 꾸고, 비슷한 고민을 하는 학부모였다. 결혼이주여성들과 이야기를 나누어본 첫 경험이었다

필리핀에서 왔지만 한국 국적을 가진 두 엄마는 함께 수강하

는 분들의 도움을 받으며 수학 지도사 양성 교육 과정을 완주했다.

그때부터 우리 회사가 운영하는 교육 과정에 변화가 생기기 시작했다. 한자 지도자 양성 과정에는 중국에서 온 사람들이, 영어 지도자 과정은 필리핀과 영어권에서 이주해온 여성들이 참여하기 시작했다. 그때는 이게 무슨 조화인가 싶었는데, 2000년대 초반부터 농촌 노총각들의 국제결혼이 본격 이루어져 많은 결혼이주여성들이 한국으로 왔고, 그들에게서 태어난 아이들이 유치원이나 초등학교에 대거 입학하기 시작한 시기가 2009년경이었다는 사실을 나중에야 알았다.

그래서 의도하지 않았지만 제법 많은 결혼이주여성들과 인연을 맺게 된 것이다. 개인 기업에서 사회적 기업으로의 전환은 그렇게 시작되었다. 그들은 ODS가 경력 단절 여성이나 학부모를 위한 많은 교육 과정을 이미 운영하고 있으니, 이주여성들을 위한 교육 프로그램도 쉽게 열 수 있을 것 아니냐며 자신들을 위한 교육 과정도 열어달라고 먼저 제안해왔다.

착한 기업이 되어야겠다

나는 그때 마음 먹었다. '그래, 착한 기업이 되어보자'. 그래서 이주여성들의 수요를 조사하고 필요한 교육 과정을 기획했다. 그리고 이왕이면 많은 이주여성이 참여하면 좋겠다고 생각했다. '분명 이런 교육 과정이 필요한 이주여성들이 더 있을 텐데' 하며 문을 두드린 곳이 '다문화가족지원센터'였다. 안내장과 공문을 정성스럽게 만들어 지역 내 6개 다문화가족지원센터로 보내고, 안내전화도 한 후 설레는 마음으로 연락을 기다렸다.

결과는? 실망스럽게도 어느 한 곳에서도 연락이 오지 않았다. 알아보니 센터 측에서 자기네 소속 이주여성들에게조차 그 내용을 전혀 알리지 않았다고 했다. 나는 그때 알았다. 좋은 의도가 꼭 좋은 결과를 내지는 않는다는 것을. 좋은 결과는 좋은 의도를 바탕으로 명분과 신뢰가 있어야 가능하다는 것을 이제는 알지만, 당시는 정말 힘 빠지고 화도 났었다.

다문화가족지원센터의 비협조 때문에 고민이 시작되었다.

'왜 이렇게 좋은 제안을 외면하는 걸까?'

하지만 고민을 오래 하지는 않았다. 사실 좋은 의도를 가지고 있었지만 외부에서 보기에 우리는 보통의 영리사업자에 불과했을 것이다. 그걸 깨닫고 나니 다문화가족지원센터의 입장이 이해되었다. 그리고 오기가 발동하면서 이렇게 다짐했다. '공공성을 가지자.'

다문화가족지원센터가 오히려 우리 회사를 찾도록 더욱 좋은 프로그램과 '공공성'을 갖추기로 결심했다. 그리고 공공성을 띨 수 있는 조직 유형을 알아보기 시작했다.

그 과정에서 비영리 단체 사단법인, 재단법인, 유한회사, 비법상 법인 등 이름도 생소한 조직 형태들에 대해 처음 검색도 하고 탐색도 해보았다. 그러던 중 사회적 기업이라는 형태를 알게 되었다. 영리와 비영리의 중간 형태인 사회적 기업은 당시 나에게는 참 매력적인 그림으로 다가왔다. 돈도 벌고, 사회 기여도 한다니 바로 내가 꿈꾸고 하고 싶었던 일이 아니던가?(이때 나는 사회적 기업을 사회적인 기업 또는 착한 기업으로 생각하고 있었다.)

정말 하고 싶으면 덤벼라

"정말 사회적 기업가가 되고 싶으세요?" 함께 일하는 K 강사가 눈을 반짝이며 내게 물었다. "네! 정말 되고 싶어요."

"그렇다면 제가 우연히 알게 된 정보를 하나 드릴게요. K 강사가 내게 보내준 메일에는 '포스코'와 '세스넷(SESNET: (사)사회적기업지원네트워크)'이 지원하는 '다문화 사회적 기업 육성 사업'에 대한 안내문이 들어 있었다. 보는 순간 눈이 번쩍 뜨였다.

당장 전화를 해서 참여 문의를 했는데 시작부터 난관에 부딪혔다. 1일 8시간, 총 8회 교육 과정이 있는데 모두 서울에서 이루어진다는 것이었다. 교육 과정의 80퍼센트 이상 출석해야 하고, 결정적으로 2명 이상의 팀이어야 하고, 매회 2명 이상 참여해야 한다. 더욱 당황스러웠던 것은 참가 신청서였는데 태어나서 처음 보는, 사업계획서에 가까운 형식이었다. 막연한 아이디어나 호기심만으로는 창업 지원은커녕 교육에도 참여하기 힘든 구조였다.

태어나서 처음으로 '하고 싶은 일에 대한 대외적 설명'을 적은 사업계획서는 소설이나 다름없었다. 단락이 없는 간절한 편지글 형식이었다. 그래도 진심이 전달되기는 했나보다. 전국에서 30개 팀을 선발한다는데 다행히도 합격 소식을 들었다.

그런데 정작 난관은 그때부터였다. 매주 한 번 서울을 2명이 오고가려면 말이 무료 교육이지 교통비만 대략 160만 원이 들었고, 더욱이 가정주부들이 8주간이나 새벽에 집을 나와서 밤 늦게 귀가하는 것을 감당해야 했다. 하지만 이 문제에 대해서는 그다지 오래 고민하지 않았다. 무언가를 얻기 위해 그 정도는 감수해야 한다고 생각했다.

그때보다 비교적 자유로운 지금도 쉽지 않은데, 무언가에 단단히 홀린 게 확실했다. 8주간 한 번의 지각도 결석도 하지 않고 완주했다. 그리고 과정에 참여하기 전보다 확실히 목표가 뚜렷해지고 성장한 나를 확인할 수 있었다.

쉽게 저버릴 수 없는 약속

다양한 영역의 전문화된 컨설팅과 지역별 육성 과정이 활발해진 지금은 그때에 비해 참 좋은 요건들과 환경이 조성되어 있다. 대신, 선발 기준은 좀 까다로워졌다. 분명 지금은 당시 내가 제출했던 소설에 가까운 편지글이 먹히지는 않을 것이다. 사회적 기업가 육성 과정 초기에는 아이디어와 의지만 있다면 문은 넓었다. 하지만 지금은 아이디어와 의지 외에도 완성도 있는 사업계획서 작성 능력이 더 필요하다. 경쟁이 치열한 만큼 발표 능력도 돋보여야 하고 성실함은 기본이다. 본격적인 사회적 기업가 육성 과정에 들어가기 전에 사전 교육 프로그램을 거쳐야 하고, 거기서 사회적 기업가로서의 기본을 배우고 익힌 후 가능성을 인정받아야 본격적인 육성 과정에 참여할 수 있는 자격을 갖춘다.

8주간의 프로그램 중 마지막 과정인 사업계획서 작성 기간에 나는 'ODS'에 'Original Development (after)School'이라는 의미가 아니라 'Our Dream in Society'라는 새로운 의미를 부여했다. 기존의 이름을 버리지 않음으로써 사업의 연속성도 유지할 수 있고, 그 것이 기존 고객들을 위한 배려라고 생각했다. 이 새로운 의미의 'ODS'에 '다문화'를 더했다. 'ODS다문화교육연구소'는 이렇게 탄생했다.

아이가 태어나면 출생신고와 더불어 이름을 짓고 호적에 등록하듯이, 창업의 시작도 비슷하다. 아이템이 정해지면 회사 이름을 짓고 세무서에 가서 창업일과 회사 이름을 신고하고 등록하면 사업자등록증이 나온다.

새 생명이 탄생하는 과정과 비슷한 과정으로 만들어진 당신과 우리들의 회사는 그래서 생각보다 소중하다. 함부로 등록하고, 함부로 폐업하면 안 되는 이유가 거기에 있다. 반짝이는 아이디어와 젊은이의 발랄함과 재치와 열정으로 쉽게 창업했다가 조금 힘들어지면 쉽게 폐업하는 지금의 현상들이 몹시 안타깝다. 물론 거기에는 많은 지원을 해주고 문턱을 낮추어 창업을 권하는 정부 정책의 책임이 크다고 생각한다. '창업을 권하는 사회'에 살고 있지만 창업하는 순간부터 기업은 고객과 약속을 한 것이다.

사회적인 약속을 하는 것이 창업이다. 커피숍을 창업하는 것은 고객이 원한다고 예상하는 이 자리에서 맛있는 커피와 편안한 서비스를 영업 시간 내에 최선을 다해 제공하겠다는, 사회와 하는 약속이다. 그래서 어떤 의미로 모든 기업은 사회적인 기업이다.

2 나도 아파야 지속 가능하다 I _ 베어베터

끊임없이 묻는다

"사회적 기업을 왜 하려고 하세요?"

사회적 기업을 창업하기 전에 가장 많이 들었던 질문이다.

"사회적 기업을 계속하려는 이유가 무엇인가요?"

사회적 기업 창업 후 지금까지 가장 많이 듣는 두 번째 질문이다.

나는 그럴 때마다 '공공성'이 확보된 사업을 하고 싶었다고 대답한다.

하지만 지금까지 '공공성'이 없어도 잘해왔고, 굳이 없어도 되고, 안 해도 되는 사회적 기업을 구태여 왜 하려고 하느냐고, 예비 사회적 기업으로 지정받기 위한 심사 단계에서부터 사회적 기업으로 인증받은 지금까지도 정부 기관과 관계자들과 주변 사람들은 나에게 끊임없이 묻는다. 사실 이 질문은 어려움이 있을 때마다, 일에 회의가 느껴질 때마다 나 자신에게 던지는 물음이기도 하다.

갖은 어려움에도 불구하고 사회적 기업을 계속하기 위한 가장 중요한 1차 조건은 하나다. 다른 사람의 아픔에 얼마나 진심으로 '공감'하느냐다. 그런 점에서 지금부터 소개하는 '베어베터'와 '빅핸즈'는 정말 모범적이고, 늘 나에게 자극이 되는 사회적 기업이다.

발달장애인과 함께하는 '베어베터'

'베어베터'의 이진희 대표는 발달장애인들이 성인이 되었을 때 필요한 일자리를 만들어주고 싶었다고 한다(그의 둘째 아이가 발달장애인이다). 발달장애인을 잘 이해할 수 있고 이들이 일하기 쉽도록 직무를 설계해 제공하는 그런 회사 말이다. 생애 과정 중 부모로부터 사회적, 경제적 독립은 당연하며 매우 자연스럽다. 하지만 그 당연한 흐름이 너무 어려운 이들이 바로 발달장애인들이다. 이진희 대표에게 세상의 모든 발달장애인은 자신의 아이처럼 특별하고 아픈 손가락이다.

전체 장애인 고용률은 30퍼센트인데 비해 발달장애인의 고용률은 그 절반에도 못 미친다. 임금 수준은 턱없이 낮고 일자리는 더더욱 없는 상황에서 발달장애인들이 자립하여 사회의 일원이 되기 위해서는 무엇보다 일자리가 필요하다.

'베어베터'는 작업 과정을 발달장애인에게 맞게 새로 디자인 했다. 비장애인 1명의 일을 세분화해서 발달장애인 여러 명이 일할 수 있도록 업무를 쉽고 단순하게 만들면서 한 직무에 여러 명을 채용하는 효과를 냈다.

발달장애인들의 평생직장이 되고자

우리 나라에는 장애인의 고용 기회를 넓히기 위해 만든 '장애인의무고용제도'란 것이 있다. 50인 이상의 근로자가 고용된 사업장의 사업주에게 장애인 고용의 일정 비율(2017년 기준 민간 기업 2.9퍼센트, 공공 부문 3.2퍼센트)을 부과하고 이를 준수하지 않을 경우 부담금을 내게 하는 제도다. 이를 이행하지 않은 사업주는 미고용 인원에 대해 장애인고용부담금을 납부해야 하는데, 이런 부담금을 납부해야 하는 사업주가 장애인표준사업장 또는 장애인직업재활시설에 도급을 주어 생산품을 납품받으면 장애인 근로자를 고용한 것으로 간주해서 부담금을 감면해준다. 즉 장애인을 일정 비율고용해야 하는 기업이 여러 사유로 장애인을 고용하지 못하면 장애인을 고용하는 다른 기업에게 일을 주어 그 기업의 매출에 일정하게 기여하면 채용한 것으로 간주해준다는 뜻이다.

'베어베터'는 이 제도를 적극 활용하여 의무고용 비율을 달성하지 못한 기업들을 설득하여 일거리를 만들고 있다. 이진희 대표는 발달장애인의 특성을 고려하여, 쉽게 익힐 수 있고 어렵지 않은 일, 여러 명이 함께 할 수 있는 일을 찾기 위해 노력했다. 그래서 다른 일들에 비해 비교적 숙달되기 쉬운 인쇄 및 복사 분야부터 시작해, 지금은 디지털 인쇄, 원두커피 로스팅, 제과, 출력, 제본, 명함, 리플릿 판매, 꽃 배달 서비스까지 영역을 넓히고 있고, 넓어진 영역만큼 많은 발달장애인들을 고용하고 있다.

베어베터의 직원 수는 200명이 넘고 그중 발달장애인 비율은 87퍼센트나 된다. 베어베터의 목표는 발달장애인이 평생 일할 수 있는 직장을 만들어 더 많이 채용하는 것이다.

공감해야 실천한다

이진희 대표에게 베어베터는 현실이고 이상이다. 그에게는 발달장애를 가진 아이가 있다. 가장 설득력 있는 동기와 이유는 자기 자신이다. 이러한 명확한 동기는 일을 지속하게 해주는 근원이다. 실제로 사회적 기업의 지속 여부는 경영 상황보다 대표의 의지에 의해 좌우된다고 해도 과언이 아니다.

물론 'ODS'와 '베어베터'의 동기는 다르다. 베어베터가 현실에서 시작했다면 ODS는 '다양성의 인정과 긍정적 수용'이라는 이상에서 출발했다. 공통점이 있다면, 둘 다 문제를 인식하고 적극적으로 해결하기 위한 방법을 모색했고 행동으로 옮겼다는 것이다.

왜 사회적 기업을 창업하고, 경영상의 어려움에도 불구하고 왜 멈추지 않고 달릴까? 그것은 바로 타인의 문제가 나의 문제이거나 그들의 아픔에 나도 함께 아프기 때문이다.

나의 경우에는 수학 지도사 양성 과정에 참여했던 결혼이주 여성들을 통해 내가 미처 알지 못했던 새로운 삶을 처음 보았다. 그로부터 시작된 인연이 또 다른 인연을 만들어내며 오늘에 이르렀다.

거부할 수도 있었는데 왜 시작했느냐고, 왜 계속 달리고 있냐고 묻는다면, 그것은 아마 내가 오지랖이 넓거나, 연민, 분노의 감정을 느꼈기 때문일 것이다.

인간의 존엄성과 동질성이 인종과 피부색에 의해 훼손되는 사회 풍조가 나를 화나게 했고, 이는 곧 이주민들에 대한 안타까움과 연민으로 이어져 지금까지 이 일을 하고 있다.

사회문제를 해결하기 위해 비즈니스 모델을 만들고 일하는 건 그 사회문제가 낳은 아픔과 무게를 내가 함께 감당하는 일이다. 함께 아파하는 '공감'이 중요한 이유다.

여러분도 자신에게 스스로 다시 물어보기 바란다.

"나는 왜 사회적 기업에 관심을 가지고 있고, 왜 사회적 기업을 창업하려는가?"

사회적 기업이라는 제도와 조직을 통해 내가 이루고자 하는 것이 무엇인지 대략이나마 답이 나오거든 그때 사업계획서를 쓰기 바란다.

BETTER.COPY.

최고의 설비와 집중력 높은 곰 청년의 손길로 명함, 카드, 책, 포스터 등 다양한 인쇄 관련 아이템을 베터카페에서 만들어냅니다.

BETTER.COFFEE.

양질의 생두를 원료로 하여 매일 갓 볶은 신선한 커피를 곰 청년들이 직접 포장하고 배달합니다.

BETTER.COOKIE.

좋은 재료를 듬뿍 넣고 곰 청년들의 정성을 담아 맛 좋은 빵과 쿠키를 만듭니다.

BETTER.FLOWER.

향기로운 꽃다발과 화환에 곰 청년의 마음을 담아 만들고 배달합니다.

BETTER.CAFE.

전문 바리스타와 함께 곰 청년들이 주문 접수, 음료제조, 픽업까지 담당합니다.

출처 – 베어베터가 하는 일들 http://www.bearbetter.net

3 나도 아파야 지속 가능하다Ⅱ_빅 핸즈

"아프냐? 나도 아프다"

오래전 인기를 끌었던 드라마에 나온 대사다. 지금도 여전히 많은 사람들이 재미 삼아, 때론 진심을 담아 내가 공감하고 있음을 전달할 때 인용되고 있다. 그만큼 대중들의 공감을 이끌어낸 대사이기 때문일 것이다. 바로 내가 하고 싶거나 듣고 싶은 말이기 때문일 것이다. 사람들은 그만큼 누군가에게서 공감을 얻고 싶어 하고, 공감을 통해 관계를 이루거나 유지하고 싶어 한다.

그래서 기업들은 소비자들이 느끼는 불편함 또는 필요성을 파악하여, 불편함을 해소해주고 필요성을 충족해줄 상품과 서비스를 만들어낸다. 즉 소비자를 이해하거나 소비자들이 느끼는 불편함이나 필요성에 공감하는 것에서부터 마케팅이 시작되는 것이다. 그리고 소비자들의 불편함과 필요성을 정확하게 파악하여 해결책을 제시하면 그 기업의 가치는 높이 평가되고 기업은 더욱 발전한다.

사회적 기업도 마찬가지다. 사회문제로 인해 아픔을 겪는 사람들과 함께 아파하고 안타까워하는 것에서부터 문제 해결의 동기와 의지가 생긴다. 진심으로 공감하면 문제 해결 방법을 고민하게 되고, 기어이 '사회적 기업 창업'이라는 방법을 선택한다.

하지만 단지 불쌍해서 도와주고 싶다는 동정심은 사회적 기업으로 출발은 하게 해줄지 몰라도 지속하게 하는 동력으로는 약하다. 동정심으로 시작했지만 어느 순간 내가 동정받는 피해자가 되어 있기 십상이기 때문이다. 모든 사회적 기업가가 창업할 때는 많지는 않아도 자본을 가지고 시작한다. 하지만 오래지 않아 수천 만 원의 빚을 지게 되고, 더 오래되면 억대의 빚을 지는 경우를 너무나 많이 봐왔고 내 입장도 그리 다르지 않다. 참 바보 같은 짓이다. 매해 적자가 나는 사업을 왜 지속하는지 도저히 이해가 되지 않는다. 물론 모든 사회적 기업이 그렇다는 건 아니다. 하지만 그런 사회적 기업은 분명히 존재한다. 여기서 '왜?'라는 의문이 생긴다.

그런데 놀랍게도 사회적 기업가들은 본인들이 왜 빚을 불려가며 사회적 기업을 지속하는지 너무나 잘 알고 있다. 사람 때문이다. 돈이 주 목적이 아니기 때문이다. 돈은 방법이고 절차이고 수단일 뿐이다.

사람이 목적이기에

돈 이야기를 조금 하겠다. 인류 역사에서 화폐가 처음 생긴 이유는 교환의 편의를 위해서였다. 가치 측정의 기준이 되어 사람이 살아가는 데 편리함을 주기 위해 탄생한 것이 화폐다. 그런데 지금은 주객이 전도되어 있다. 화폐 때문에 사람들은 울고 웃고 심지어 목숨을 걸기도 한다. 더욱 신기한 현상은 어느 순간부터 화폐는 형태가 아니라 숫자로 존재하기 시작했다는 것이다. 혹자는 '화폐의 혁명'이라고 말하지만, 또 다른 사람은 '화폐의 종말'이라고 이야기한다.

누군가 이렇게 묻는다. 당신은 화폐에 의해 모든 것이 결정되는 삶을 살고 싶은가? 당신 인생을 화폐를 얻는 데 모두 걸고 싶은가? 화폐에 지배당하고 싶은가?

이 질문에 선뜻 '그렇다'고 답할 수 있는 사람은 차라리 명확한 목표를 향해 달려간다. 그런데 대부분의 사람들은 아니라고 답한다. 의외다. 돈을 벌기 위해 죽어라 일하고 있는데 목표는 돈이 아니라고 말한다.

사회적 기업가는 그래서 빚을 지게 된다. 사회적 기업은 취약계층을 고용한다. 엘리트들과 일하는 게 아니다. 돈을 벌어오는 능력자들을 고용해 이윤을 남기는 것이 아니라 돈이 필요하지만 자격 요건이 안 되거나, 기회가 부족한 사람들을 고용해서 그들이 안정적으로 급여를 받아갈 수 있게 하는 것이 목표다. 그래서 돈이 부족하면 해고를 하는 것이 아니라 빚을 내서 고용인들에게 급여를 준다.

그들은 이렇게 말한다.

"죽을 때 돈을 못 가져가듯이 빚도 안 가져가지요."

"제가 여기서 그만두면 저 사람들은 일자리를 잃게 됩니다. 그러면 저들은 또다시 기회를 얻기 힘들 수도 있고 당장 생활의 질이 떨어질 게 뻔합니다. 그래서 회사가 어려워도 해고를 못 하겠습니다."

"지금의 어려움 정도는 극복할 수 있습니다. 돈을 아끼려고 해고할 것이 아니라, 돈을 벌기 위해 성장시키고 기회를 주어야지요. 그게 투자지요."

"사회적 기업도 기업이라 당연히 돈을 벌어야지만 남들과 똑같이 벌면 의미가 없지요. 닥치는 대로 벌면 돈이 주인이 되는 게지요."

공감하는 능력으로 함께 걸어야

내가 만난 사회적 기업가들의 인식이 대부분 이러하다. 물론 모든 사회적 기업가가 이에 동의하는 것은 아니다. 그리고 사회적 기업도 기업이기에 당연히 수익이 창출되어야 하다. 하지만 사회적 기업을 창업하려면, 사회적 기업가가 되고 싶다면, 이들처럼 사람을 먼저 생각해야 함은 기본이다. 인품과 더불어 능력도 뛰어나다면 더할 나위 없이 좋겠지만 아시다시피 신은 모든 것을 다 주지는 않는다.

신은 사회적 기업가들에게 무엇보다 공감 능력을 주신 듯하다. 기업의 생존을 위해서는 함께했던 동료나 직원을 불가피하게 해고해야 하는 경우가 많다. 하지만 사회적 기업가는 '회사가 힘들면 당연히 나가야지'가 아니라, '함께 아파하고 함께 더 성장'해야겠다고 결심한다.

물론 모든 사회적 기업가가 빚을 지고 있는 것도 아니고, 모든 상황에서 일방적으로 희생하는 것은 더더욱 아니다. 경영 능력이 남다른 사업가들도 물론 많다. 하지만 사회적 기업으로 인증을 받고 수년이 지나도록 인증 요건을 유지하며 운영되는 사회적 기업 대표들에게는 공통점이 있다. 그것은 다름 아닌, 함께 일하는 구성원들에 대한 이해와 애정이 남다르다는 점이다.

'빅 핸즈'_ 오해와 편견을 넘다

에이즈HIV에 대한 편견과 오해를 타파하기 위해 만들어진 '빅 핸즈BIG HANDS'라는 카페를 운영하는 '레드리본 사회적협동조합'이 있다. '레드리본 사회적협동조합'은 카페 '빅 핸즈' 운영을 통해 수익금 전액을 에이즈 감염인의 복지와 자활 지원에 사용하고 감염인들의 일자리 창출에 힘쓴다. 레드리본 사회적협동조합은 대한 에이즈예방협회 대구경북지회 봉사자들과 에이즈 감염인들이 만들었다. 조합원 대다수는 10년 이상 지역에서 활동한 전문가들이다.

'빅 핸즈'는 2011년 초 한 사건을 계기로 시작되었다. 대구 에이즈 감염인들을 위한 쉼터에서 한 감염인이 피

를 토하며 쓰러졌다. 하지만 출동한 구급대원은 쓰러진 감염인이 토한 피를 쉼터 관계자들이 다 치울 때까지 나서지 않고 지켜보고만 있었다. 에이즈에 감염된 혈액이라도 상처가 없는 손으로 만지면 감염 위험은 없다. 당시 구급대원은 에이즈에 대한 기초적인 이해도 없었던 것이다. 이 때문에 병원에 늦게 이송된 감염인은 결국 목숨을 잃었다. 에이즈에 대한 오해로 빚어진 비극이었다.

이 사건뿐만이 아니었다. 에이즈는 감염인의 혈액(수혈이나 상처 감염), 정액, 질 분비액, 모유를 통해서만 감염되지만 아직도 많은 사람들이 감염인과의 일상적인 접촉으로도 전염되지 않을까 불안해하는 등 오해와 편견은 곳곳에 있었다.

이에 2년여 간의 준비를 거쳐, 에이즈 감염인과 식사, 목욕탕이나 수영장 공동 사용, 악수, 포옹 등 일상적인 접촉으로는 에이즈에 감염될 위험이 전혀 없다는 것을 알리고 에이즈 감염인의 사회

진출을 돕기 위해 카페 '빅 핸즈'가 탄생했다.

'빅 핸즈'는 '큰 박수' '큰 격려' '큰 도움'이라는 뜻을 갖고 있다. 에이즈에 대해 바로 알리고, 감염인과 비감염인이 소통하고, 에이즈 감염인들의 재활을 돕는 공간을 만들겠다는 의지를 담고 있다. '빅 핸즈'가 일반적인 카페와 크게 다른 점이다.

사회적 기업의 훌륭한 모델

'빅 핸즈'는 미국의 '하우징 웍스Housing Works'를 모델로 탄생했다. '하우징 웍스'는 에이즈 감염인을 위한 주거 시설과 상담 시설은 물론, 서점과 카페가 혼합된 공간이다. 에이즈 감염인과 비감염인이 함께 일하고 생활한다. '빅 핸즈'가 '하우징 웍스'처럼 대중화되기까지는 아직 시간이 더 필요하다. 하지만 3년 정도의 시간이 흐르는 동안 의미 있는 작은 변화들이 생겨났다. 처음 문을 열었을 때 카페 운영 취지를 듣고 발걸음을 끊은 손님도 있었지만 이제는 많은 손님이 격려해주는 단골이 되었고, 훌륭한 사회적 기업의 한 모델로 전국에서 많은 사람이 방문하기에 이르렀다.

'빅 핸즈'의 김지영 대표는 에이즈 감염인들의 삶을 이야기하며 마음 아파하고 눈물 짓는다. 에이즈 감염인들에 대한 이해와 공감 능력은 편견을 극복하며 지속할 수 있는 가장 큰 동기와 힘이 되었다. 카페 개설 초기에 편견 따위는 큰 문제가 되지 않았다.

그래서 감히 단언한다.

"나도 아파야 지속 가능하다."

3장 _____

비지니스 모델을
수립하라

사회적 기업 창업은 문제 해결을 꿈꾸는
것으로 시작한다.
그 꿈을 어떤 방식으로 이룰 것인가를
그린 것이 비즈니스 모델이다.
꿈꾸기 시작하면서 바로 창업하지는
말자. 꿈꾸던 일을
비즈니스 모델로 표현할 수 있을 때,
그때 창업을 실행하자.

1 특별한 모델은 없다. 의미 있는 과정이 있을 뿐

뜨거운 열정의 시간

두근대는 마음을 안고 포스코와 세스넷에서 진행하는 다문화 사회적 기업 육성 과정에 참여하던 첫 날, 1교시는 여느 프로그램들처럼 참여 팀들의 소개가 이루어졌다.

어떤 동기와 아이디어를 가지고 모였는지 한 팀 한 팀 소개했는데 한 팀의 소개가 끝날 때마다 심장이 뜨거워지는 것을 느꼈다.

인상 깊은 팀이 여럿 있었다. 미국의 심각한 교육 불균형 해소를 위해 만들어진 '티치 포 아메리카'를 벤치마킹한 '티치 포 방글라데시'를 창업하겠다는 젊은 청년, 직접 다문화 카페를 창업하겠다는 이주여성으로 이루어진 팀, 이중언어 교육 프로그램을 활용한 강사 파견을 하겠다는 팀, 버려지는 브랜드 옷걸이를 모아 손질한 후 새로 공급함으로써 환경과 이주여성들의 일자리를 동시에 잡겠다는 팀, 캄보디아 이주노동자들에게 전자제품 수리 기술을 가르쳐서 제3국에 버려지는 가전제품의 재활용률을 높이겠다는 팀, 클레이 공방 창업팀, 이주여성들을 위한 산후 조리원 창업팀 등이 있었다.

그 외에도 발표 내용만 들어서는 그다지 설득력이 느껴지지 않는 아이템도 있었고, 중복되는 아이템들도 제법 있었다. 특히 다문화를 모티브로 한 카페 창업안이 가장 많았다. 30팀 중 10개 가까이 되었던 걸로 기억한다.

꿈이 현실이 되다

육성 프로그램이 계속되면서 포기하는 팀들이 하나 둘씩 늘어갔다. 이유는 겉으로는 개인적인 다양한 사유가 대부분이었지만 추측건대 아이템 실현 가능성이 옅을 거라고 생각했기 때문이 아닐까 싶다.

참여 팀 수는 줄어갔지만 만남 회수가 쌓일수록 교육생들의 친밀도는 높아졌다. 정보 교환도 더 적극적으로 이루어졌고, 처음에는 조용했던 쉬는 시간이 왁자지껄 시장판이 되어갔다. 교통비 160만 원 따위 아무것도 아닐 만큼 소중한 인연들이 그때 만들어졌다. 우리 팀의 사업 목표는 처음부터 지역이 아니라 전국이었다. 세계 진출을 염두에 둔……. 아직 세계 진출은 못하고 있지만, 팀의 성장뿐 아니라 전국적 네트워킹이 이루어진 소중한 시간이었다.

교육 과정 마지막까지 완주한 팀은 22팀이었다. 우리는 8주간 한 번도 빠지지도 않고, 지각도 하지 않고 전 과정을 참여했다. 온라인 포털사이트에 카페가 개설되었는데 활동량이 많을수록 가산점이 있다 하여 참 열심히도 카페 공지사항을 확인하고 댓글을 달았다. 그리고 이후 창업을 위한 팀별 컨설팅을 지원할 12팀을 선발하는 과정을 남겨두고 명함을 만들었다. 아직 회사를 법인으로 전환하지도 않았고, 기업명도 수정 신고하기 전이었지만 '포스코와 세스넷의 다문화 창업 지원 선정팀 옹달샘다문화교육연구소'라는 명함을 먼저 만들었다. 명함을 돌리며 "이거 진짜 안 하면 사기꾼이 되니까 꼭 사회적 기업이 될게요"라며 강한 의지를 피력했다.

발표를 기다리던 시간 내내 참 많이도 긴장했다. 태어나서 사업공모란 걸 그때 처음 해봤기 때문에 긴장감도 더 했던 것 같다. 다행히 12팀 안에 무사히 입성했다. 사회적 기업 창업을 위한 첫 번째 구간을 이렇게 완주해냈다.

아이디어와 비즈니스 모델이 다가 아니다

그 당시 육성 과정에 참여한 30팀은 다들 보석 같은 아이디어들을 제시했다. 그중 22팀이 첫 번째 구간을 완주했고, 이어서 두 번째 구간을 도움 받으며 달릴 수 있는 기회를 잡은 것은 12팀으로 좁혀졌다. 그리고 형태가 사회적 기업이든 아니든 실현하던 것은 5팀, 현재까지 달리고 있는 팀은 3팀이다. 첫 번째 구간을 완주하고, 회사 형태로 실현하고, 지금도 달릴 수 있는 중요한 요건 중 하나가 비즈니스 모델 수립이다.

"어떻게 이주여성들을 교육자로 양성하여 파견하실 생각을 하셨나요? 그리고 지금의 비즈니스 모델은 언제 생각하신 건가요?" 자주 받는 질문 중 하나다.

"정말 멋진 비즈니스 모델인 것 같아요." 자주 듣는 부끄러운 칭찬 중 하나다. 하루하루 아등바등 살아가는 우리 회사의 현실을 안다면 할 수 있는 질문이 아니겠지만, 수많은 역경의 시간을 거쳐 지금 가장 진화한 ODS가 된 것임을 알지 못하니 이런 칭찬이 나오는 것이다.

당시 이주여성들을 강사로 양성하여 파견하는 사업은 이미 여러 기업에서 운영되고 있었고, 정부 지원으로 운영되는 다문화가족지원센터에서도 이주여성들을 학교나 어린이집에 파견하여 다문화 이해 교육을 하는 서비스를 제공했다.

하지만 당시 ODS와 비슷한 비즈니스 모델을 구축했던 많은 기업이 지금은 대부분 폐업했고, 다문화가족지원센터의 파견 서비스는 예산 부족 때문에 많이 축소되고 있다. 사업을 시작할 때 비지니스 모델이 중요하긴 하지만, 그것이 다가 아니라는 명백한 사례들이다.

의미 있는 경험과 의지와 노력

비즈니스 모델이란 사전적 의미로 "어떤 제품이나 서비스를 어떻게 소비자에게 편리하게 제공하고, 어떻게 마케팅하며, 어떻게 돈을 벌겠다는 아이디어"다.

물론 비즈니스 모델이나 사업 아이디어가 남다르고 뛰어나다면 두말 할 나위 없이 좋다. 그래서 치열한 경쟁 속에서 남다른 아이디어로 승부를 걸겠다는 사람들도 많다. 그리고 남다른 아이디어로 성공한 사례들은 우리를 더욱 자극한다.

가만히 주위를 둘러보자. 우리 주변의 모든 물건과 서비스는 지금은 익숙한 사물이고 일상이지만, 처음 만들어졌거나 시작했을 때는 모두 뛰어난 아이디어이자 혁신이었다. 이런 아이디어는 혁신과 진화를 거듭한다. 최신 상품이나 최근의 서비스는 가장 진화한 형태일 것이다. 그런데 이런 혁신과 진화가 어느 날 갑자기 등장하는 것은 아니다.

사업도 그렇다. 사업을 시작할 때는 대부분 나름의 동기나 계기를 가지고 사업 아이디어를 설계한다. 그러나 지속할 수 있는가는 다른 문제다. 그것은 당사자의 경험과 강한 의지, 끝없는 노력에 달려 있다.

앞서 이야기한 다문화 사회적 기여 유성 과정에 참여했던 님들의 아이디어들도 마찬가지였다. 30개의 빛나는 아이디어들이 현실화되고 지속되기까지 결정적 요인은 아이디어도 혁신도 아니었다. 도전하는 팀의 강한 의지가 아이디어를 기업 형태로 설립하게 이끌고, 계속되는 의미 있는 경험과 노력들이 다시 기업의 지속을 이끈다. 지속을 위한 의미 있는 경험들과 노력들이 반복되면 조금씩 진화하기 시작하고, 그 조금의 진화가 쌓이다 보면 어느 날 혁신이 이루어진다.

아이디어나 비즈니스 모델이 혁신적이고 훌륭하면 당연히 더 좋겠지만, 실제로는 끊임없이 반복될 수많은 문제들을 기꺼이 감당하는 의미 있는 과정이 더 중요함을 명심하기 바란다.

2 '다문화'를 키워드로 기업을 한다는 것

'다문화'라는 용어는 신조어다. '국제결혼', '혼혈아' 같은 인종 차별적인 이미지와 정서를 해소하기 위해 2003년 건강시민연대가 제안하여, 시민사회에서 먼저 결혼이민자나 귀화자가 포함된 가족을 '다문화(多文化)가족'이라고 불렀고, 이후 2008년 '다문화가족지원법'이 제정되면서부터 공식적으로 '다문화'라는 용어를 사용하기 시작했다.

'다문화가족지원법'은 결혼 이민자나 귀화자의 가족을 지원하는 법률인데, 문제는 이들이 국적을 취득했든 안 했든 내국인과는 구분하여 별도의 지원 대상으로 규정하고 있다는 데 있다. 한국인으로 태어난 아이라도 엄마가 외국인 출신이면 영원히 내국인 자녀들과는 구분된 '다문화가족'으로 불릴 수밖에 없도록 하고 있기 때문이다.

한국에서 태어났고 모국어도 한국어이고, 한국인으로서의 정체성도 갖고 있지만 교육부에서는 한국에서 태어난 국제결혼 자녀와 외국에서 태어난 뒤 한국에 온 외국인 아이를 한데 묶어 '다문화 학생'으로 분류하고 있다. '다문화'는 문화 다양성을 뜻하는 말이지 이민자를 지칭하는 말이 아니다. 물론 이 용어는 선한 동기에서 출발해 만들어지고 보급되었지만, 지금은 또 다른 계층을 나누어 부르는 부정적 이미지가 강해져버린 것이 현실이다.

그래서 처음에 'ODS다문화교육연구소'로 시작한 우리는 2016년 말 회사명에서 '다문화'라는 용어를 없애고 ㈜ODS가 되었다. 대신 부설 기관으로 'ODS문화다양성이해연구소'를 운영하기로 했다.

'다문화'라는 짙은 색안경을 벗다

2012년 'ODS다문화교육연구소'라는 이름의 사회적 기업을 창업하고 그 이름에서 '다문화'라는 용어를 버리기까지 자그마치 4년이 걸렸다. 그 의미는 나와 우리 회사가 '다문화'라는 용어가 가진 한계와 비합리성을 명확히 이해하고, 이해한 대로 실행하는 데 4년이 걸렸다는 의미이기도 하다. 물론 '다문화'라는 용어가 사용됨으로써 야기되는 부정적 요소도 많지만, 모든 행정적 절차와 상황에서 '다문화'라는 용어를 대신할 수 있는 용어가 없는 것도 사실이다. 그래서 이해의 편의상 여전히 '다문화'라는 말을 많이 사용하고 있음을 이해해주기 바란다.

처음 ODS가 만들어질 때부터 지금까지도 '다문화'라는 용어의 전성시대라고 해도 과언이 아니다. '다문화'를 키워드로 하는 셀 수 없을 만큼 많은 단체들이 만들어지고, 사라지고, 또다시 만들어지고 있는데 모두가 선한 의도로 시작하지는 않는 것 같다. '협회' 또는 '센터'라는 이름의 사단법인, 비영리 단체, 협동조합들은 '다문화 가족을 위하여'라는 말들을 자주 한다. 설득력 있는 동기와 이유에 대한 설명 없이 그저 도와달라고 한다. '다문화'라는 키워드가 대세이기 때문이다. 물론 모두 그렇다는 말은 아니다. 다양성의 인정과 수용, 인권의 이해를 바탕으로 활동하는 선한 사람들과 단체들이 더 많은 건 분명하다. 하지만 그렇지 못한 사람들과 단체의 일탈은 '다문화'를 키워드로 활동하는 모든 단체와 개인을 색안경을 끼고 보게 만든다. 그래서 우리도 참 조심스럽게 활동을 해왔다.

ODS에서는 '다문화가족을 위한'이라는 표현은 거의 쓰지 않는다. 거의 모든 교육 프로그램과 행사의 참가 대상에는 "다문화가족을 비롯 참가를 희망하는 누구나"라고 안내한다. 그리고 상대적으로 정보력이 부족해 참여가 부진할 수밖에 없는 다문화가족들에게는 따로 안내해 참여 기회를 주고 있다.

그들이 세계문화지도사로 인정받다

ODS에서는 4명의 결혼이주여성들이 상근직으로 근무하고

12명의 결혼이주여성들이 프리랜서로 함께 일하고 있다. 이들은 교육 현장에서 '세계시민교육'의 초기 과정인 '다문화 이해 교육'을 담당하는 전문 강사들이다. 정부와 지자체를 비롯해 다문화가족지원센터와 공교육 현장의 거의 모든 사람은 그들을 '다문화강사'라고 부른다.

그런데 참 아이러니한 상황이 펼쳐진다. 한국인인 내가 어떤 교육 현장에서 1교시에 중국의 역사와 문화에 대해 수업하고, 2교시에는 일본에 대해, 3교시에는 베트남에 대해 가르치면 교육생들은 나를 참 다양한 정보와 지식을 갖춘 강사라고 생각하며, 어떠한 의심도 의문도 품지 않는다. 그런데 중국에서 온 강사가 1교시에 중국에 대해 수업을 하면 잘 듣고 수긍도 잘하다가 2교시에 일본에 대해 수업하려고 하면 사람들은 대번 "저 사람은 중국인이면서 왜 일본 문화 수업을 하는 거지?" 하며 대놓고 묻는다.

"당신은 중국인이면서 왜 일본 문화 수업을 합니까?"

똑같은 상황에서 그들은 한국인인 나는 교육 전문가로 보지만, 중국에서 이민 온 강사는 이민자로만 간주하는 것이다. 고정관념과 편견이란 게 이렇게 무섭다.

그래서 나와 ODS에서는 결혼이민자들을 강사로 양성할 때 그들을 '다문화강사'라고 부르지 않는다. '세계문화지도사'라고 부른다. 강사 교육 훈련 프로그램도 10개 국 이상의 다양한 문화를 비교 체험할 수 있게 구성한다. 진짜 세계문화지도사로 성장하도록 다른 교육 프로그램보다 긴 시간을 배정하고 실습 과정도 철저하고 길다. 그래서 2012년 예비 사회적 기업이 되어 지역의 다문화가족지원센터에 제안했다가 모든 센터로부터 퇴짜를 맞았던 '세계문화지도사' 양성 과정은 이제 지역을 넘어 전국에서 찾는 과정이 되었다.

어울림을 통한 성장을 지향하는 ODS

그런데 많은 사람이 나와 우리 회사가 오직 이주민 또는 결혼이주여성들과 다문화가정을 위해서만 일한다고 생각하는 것 같다. 아니다. 오해다. 나와 ㈜ODS는 사람과 사람, 계층과 계층, 문화와 문화 간의 어울림을 통해 더욱 발전할 우리 사회를 꿈꾸며 일하고 있다.

정부도 마찬가지다. 정부와 지자체의 많은 다문화가족 지원제도는 이민자를 위한 제도가 아니다. 궁극적으로 그 지원제도들이 추구하는 것은 이민자가 포함된 가족 전체의 안정된 발전이다. 가정의 안정이 사회의 안정을 담보한다는 것은 누구라도 알 것이다. 그런데 '이민자가 포함된 가정은 안 돼'라는 시각과 태도는 나와 다르다면 다 틀렸다는 태도와 다름없다.

'다문화'를 키워드로 기업을 운영하려면 생각보다 더 많은 고민거리들을 안고 풀어나가야 한다. 법과 제도를 이해하기 위해 소질도 없는 공부도 해야 하고, 시시때때로 변하는 여론과 시대 상황에 귀 기울여야 하며, 무엇보다 정주민과 이주민들에 대한 태도에 균형을 잃지 않게 노력해야 한다. 더 나아가 새로운 제도와 법안 제시에도 관심을 기울여야 한다.

'다문화'를 키워드로 활동한 사업 내용들은 곧 '다문화가족 지원제도'의 새로운 길라잡이가 된다. 그리고 균형 잡힌 시각은 다수의 사람들을 설득하여 지지자로 만들어 어울려 살아가는 것이 당연한 사회가 되는 데 기여한다. 이처럼 '다문화'를 키워드로 사업을 한다는 것은 기업 운영을 넘어 사회적 책임을 지는 엄중하고도 진지한 일임을 명심해야 한다.

사람간의 어울림
계층간의 어울림
국가간의 어울림
다양한 문화간의 어울림

어울림

어울림을 통한
성장을
지원합니다

ODS
Our Dream in Society

3 수혜자에서 기여자로

그들의 시간은 우리의 시간

현재 나와 함께 일하는 구성원들은 자신들을 이렇게 설명한다. "여러 가지 사연과 이유로 한국에 이주해 오면서부터 다문화가족이라는 이름으로 취약계층으로 분류되었어요. 그리고 정부와 지자체와 지역사회의 관심을 받으며 사회통합 프로그램의 수많은 교육 과정과 체험 학습을 제공받았고, 지금도 많은 기회와 혜택을 받을 수 있지요." 더불어 이렇게 말한다. "피부색과 다른 외모로 인한 편견만 아니라면 한국은 그럭저럭 살기 좋은 나라인 것 같아요."

반면 많은 정주민들은 이주민들에게 주는 기회와 혜택들을 불편한 시선으로 바라본다. 정부의 수많은 예산과 관심과 정책이 정주민들에게 제공되지 않고 이주민들에게 집중되는 것을 납득하지 못한다. 다문화정책에 반대하는 단체와 개인들은 내국인들을 돌보는 데 그 막대한 예산을 쓴다면 더 효과적일 거라 생각한다. 그래서 정책에 대한 불만은 이주민들에 대한 부정적 시각과 불만으로 이어진다.

많은 사람이 나에게 묻는다.

"국가의 이주정책을 찬성합니까?"

나는 이렇게 대답한다. "저는 '이주'에 대해 공부한 적도 없고 깊은 식견이 있지도 않습니다. 이주 관련 정책과 사회문제에도 그리 예민하지 않습니다." 그러면 사람들은 또 비난하듯 묻는다. "그러면서 이주여성들을 위해 일하나요?" 다시 한 번 말하지만 나는 이주여성들을 위해 일하는 것이 아니다. 친정이 유독 멀고, 피부색이 다르거나, 성장 환경이 달라서 한국 사회에 적응하기 힘들고 여러 상황에 대응하기가 상대적으로 힘든 우리 사회의 한 구성원들과 함께 일하는 것뿐이다.

지난날 우리 자신을 돌아본다면

타임머신을 타고 과거 시간으로 한번 돌아가보자. 1960년대 독일 사회가 한국에서 파견된 광부와 간호사들을 바라봤던 시선은 현재 우리 사회에서 이주민을 보는 눈과 이주정책의 지향점에 대해 많은 것을 시사한다.

제2차 세계대전 패망 후 피폐해진 독일은 재건에 힘을 쏟아 1960년대에 '라인 강의 기적'이라 불리는 놀라운 경제성장을 이루었다. 많은 취업 기회가 보장되자 독일인들은 힘든 육체노동이 필요한 일자리를 외면했고, 독일 정부는 부족한 인력을 채우기 위해 외국인 노동자들을 받아들이기 시작했다. 현재 한국 사회가 당시 독일만큼 많은 취업 기회가 보장된 상태는 아니지만 힘든 육체노동을 외면하는 풍조 때문에 이주 노동자를 받아들인 부분은 예전 독일의 상황과 비슷하다 할 수 있다.

당시 한국은 열악한 경제 상황을 타개하기 위해 추진한 경공업 위주의 수출 지향 정책으로 인해 농촌 붕괴, 실업 증가, 외화 부족 현상이 발생했다. 이 상황을 타개하기 위한 하나의 방법으로 한국 정부는 광부, 간호사 등 노동력의 해외 송출을 추진했는데, 3년 계약 기간 동안 매월 600마르크(당시 한국 평균 급여의 7배 정도)의 높은 수입이 보장되자 1963년 파독 광부 500명 모집에 무려 4만 6000여 명이 지원했다. 그들 중 상당수가 광산 노동 경험이 없고 대졸 이상의 고학력자들로, 학력 위조까지 하며 신청했다고 한다. (현재 한국에 오는 많은 이주 노동자들도 자국에서는 높은 자긍심을 가진 고급 인력이다.)

처절한 인력 수출 역사

"광부 파견은 1963년 12월 16일 한국 노동청과 독일탄광협회 간의 협정에 의해 이루어졌지만, 실제로는 독일의 광부 인력 부족 현상을 해소함과 동시에 미국이 독일에게 요청했던 한국 재거 지원 약속 이행이라는 두 마리 토끼 모두를 잡고자 했던 독일 정부의 의도와 실업난과 외화 획득을 위해 해외 인력 수출을 원했던 한국 정부의 이해가 부합되어 이루어진 조치였다"(〈파독 30년의 역사는 차라리 눈물이다〉(송태수, 《월간 사회평론 길》 95(10), 1995).

1950년대 후반부터 시작된 간호 인력 파견은 처음에는 기독교 선교단체를 중심으로 이루어진 민간 교류 형식이었다. 그러다 1966년부터 독일 마인츠 대학 의사였던 이수길 박사의 주선으로 대규모 간호사 파견이 시작되었고, 이때부터 한국해외개발공사가 간호 인력 모집과 송출을 담당했다. 그리고 1966~1976년까지 약 1만 226명의 간호 인력이 독일에 파견되었다. 파독 간호사들과 파독 광부들이 매년 국내로 송금한 외화는 조국의 경제 발전을 위해 고스란히 바쳐진 그들의 희생의 대가로 한국 경제개발에 크게 기여했다.

1964년 박정희 대통령 부부가 서독에서 파독 광부와 간호사들을 만났을 때 행사장 전체가 눈물바다를 이루었다는 유명한 일화는 당시 이주민으로 살던 광부와 간호사들의 삶이 얼마나 고달팠는지 감히 짐작케 해준다.

'노동력'이 아닌 '사람들'이 왔다

1973년, 석유파동으로 독일에도 불황의 그림자가 드리웠고 그 여파로 한국 간호사 17명을 집단 해고하는 일이 발생했다. 해고된 간호사들은 "독일이 필요하다고 해서 온 우리는 '필요 없다'고 버리는 상품이 아니다"라는 현수막을 걸고 부당 해고와 싸웠고, 1만 여 명 독일 시민의 연대 서명으로 무기한 노동체류 허가 특별법이 제정되기에 이르렀다. 그리고 독일은 오랫동안 이민국가가 아니라고 공식적인 입장을 취해왔지만 늘어난 이주민들을 대상으로 한 언어 교육과 취업 교육 등을 무료로 제공하는 현실적인 이주정책을 시작했다.

"독일은 노동력을 원했지만 노동력이 아니라 사람들이 왔다"라는 당시 어느 독일 소설가의 말은 현 한국의 이주정책과 우리 사회의 태도를 다시 돌아보게 한다.

'이주'는 예상치 못한 많은 결과를 낳는다. 파견 계약이 끝났지만 많은 파독 광부와 간호사들은 독일 사회에 잔류했다. 이는 독일의 한인 디아스포라(Diaspora '흩어짐'이란 뜻. 전세계에 흩어져 살면서 종교규범과 생활관습을 유지하는 유대인과 유대 공동체를 일컬음)가 본격 출현한 시발점이며, 독일 내 한인 동포사회를 형성한 원동력이 되었다.

이제 우리에게 온 '사람들'

ODS의 비즈니스 모델은 바로 이 '사람들'을 바라보는 시각을 바탕으로 만들어졌다. 한국에도 '사람들'이 왔다. 그리고 나는 다양한 사람들 중 일부 사람들과 함께 일하고 있다. 그리고 그들이 국가로부터 일방적 수혜를 받는, 끝도 없는 복지제도의 수혜자로

머물지 않고, 초기 지원제도를 활용해 사회 구성원으로 자립하기를 바란다. 그리고 다양한 방법으로 이 사회에 기여함으로써, 그들을 바라보는 정주민의 오해와 비판적인 시선을 '우리에게 온 사람들'이라는 인식으로 바꾸어주기를 바란다.

그러기 위해서는 이주민 스스로 성장과 자립의 주체가 되어야 한다. 그러려면 다수를 대상으로 한 교육과 가치를 공유하는 방법이 가장 효과적이라고 생각한다.

그래서 ODS에서는 '다문화 인식 개선 교육'을 비즈니스 모델의 핵심으로 하고, 이를 뒷받침하기 위해 교재와 교구 개발 및 보급, 출판을 보조 사업으로 정했다.

오른쪽의 그림은 (주)ODS다문화교육연구소의 초기 도식으로, 창업 초기에 내가 키워드들을 스케치하듯 가득 적은 종이를 디자이너에게 주어 정리를 부탁해 얻은 결과물이다.

이 초기 비즈니스 모델 도식을 가지고 수년간 사업설명회를 다녔는데, 다소 촌스럽고 복잡해 보이는데도 불구하고 수많은 분들이 ODS의 사업을 이해해주었으니 그 역할은 충분히 한 것 같다.

그동안 많은 변화를 겪었고 이제 더 큰 변화를 마주한 ODS는 좀 더 발전된 비즈니스 모델 도식을 준비 중이다.

(주) ODS 다문화교육연구소의 비즈니스 모델 초기 도식

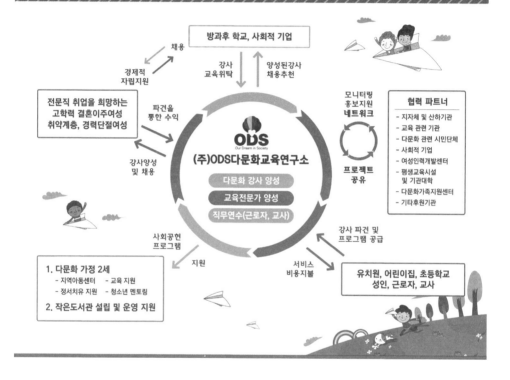

가치의 공유OUR Dream in Society 함께 성장하는 사회 추구

방과후 학교, 사회적 기업

채용

경제적
자립지원

강사
교육위탁

양성된강사
채용추천

모니터링
홍보지원
네트워크

협력 파트너

전문직 취업을 희망하는
고학력 결혼이주여성
취약계층, 경력단절여성

파견을
통한 수익

- 지자체 및 산하기관
- 교육 관련 기관
- 다문화 관련 시민단체
- 사회적 기업
- 여성인력개발센터
- 평생교육시설
  및 기관대학
- 다문화가족지원센터
- 기타후원기관

ODS
Our Dream in Society
(주)ODS다문화교육연구소

다문화 강사 양성

교육전문가 양성

직무연수(근로자, 교사)

강사양성
및 채용

프로젝트
공유

사회공헌
프로그램

강사 파견 및
프로그램 공급

지원

서비스
비용지불

1. 다문화 가정 2세
   - 지역아동센터   - 교육 지원
   - 정서치유 지원   - 청소년 멘토링
2. 작은도서관 설립 및 운영 지원

유치원, 어린이집, 초등학교
성인, 근로자, 교사

4장 _____

프랜차이즈와
소셜 프랜차이즈

아이러니하게도 나는 프랜차이즈
사업 실패의 경험자로서 현재 자칭
소셜 프랜차이즈를 운영하고 있다.
여기서는 ODS의 비즈니스 모델과
소셜 프랜차이즈에 대한 내 경험을
토대로, 이제야 대두되고 있는
소셜 프랜차이즈 중 교육 분야
소셜 프랜차이즈의 사례를
이야기하고자 한다.

1 ‘벤치마킹’의 탈을 쓴 ‘단순 모방’을 불허한다

- 프랜차이즈

  특정 상품이나 서비스를 제공하는 주재자가 일정한 자격을 갖
  춘 사람에게 자기 상품에 대해 일정 지역에서의 영업권을 주어
  시장 개척을 꾀하는 방식   – 어학사전

- 소셜 프랜차이즈

  사회적 경제+프랜차이즈. 프랜차이즈 사업을 통해 창출된 가
  치를 사회와 공유한다는 뜻이기도 하고, 사회적 가치를 추구하
  는 사회적 경제의 검증된 비즈니스 모델을 로열티를 받고 공
  유하는 의미로 해석되기도 함. 아직 학술적으로 명확히 정의된
  개념은 없음   – 불특정 다수의 새가

벤치마킹할 것인가, 모방할 것인가

벤치마킹bench marking은 기업들이 특정 분야에서 뛰어난 업체를 선정해 상품이나 기술, 경영 방식을 배워 자사의 경영과 생산에 합법적으로 응용하는 것으로, 다른 기업의 장점을 배운 후 새로운 생산 방식을 재창조한다는 점에서 단순 모방과는 엄연히 다르다.

왜곡된 시장주의 때문에 피폐해진 현 경제 상황에서 대안으로 등장한 것이 사회적 기업이다. 비즈니스 모델을 수립할 때부터 다양한 사회문제 해결과 취약계층 고용을 통해 기업을 유지해가는 것이 사회적 기업의 목표다.

그런데 근래에는 협동조합과 마을기업을 함께 묶어 사회적 경제라고 부른다. 사회적 경제의 선진국인 유럽에 비해 역사가 짧은데다 많은 오류와 실패를 거듭해왔지만, 한국 사회에서 사회적 경제는 이미 대안경제로서 자리를 잡아가고 있다. 그런데 이제는 그간의 실험을 거쳐 나름의 노하우를 축적하고 성장해가는 사회적 기업이 많아졌지만, 정부와 민간은 계속 새로운 모델 창출에만 몰두하고 있다.

하지만 사회적 경제의 궁극적 사명은 사회문제 해결이고, 어느 지역이든 공통된 비슷한 문제들을 안고 있다. 그래서 벤치마킹이라는 이름으로 앞서 설립된 사회적 기업들을 탐방해 인터뷰하고는 결국 같거나 비슷한 회사(이름만 다른)를 설립하는 경우가 많다.

선배 기업의 미션과 비즈니스 모델만 벤치마킹하고 정작 그 안에 담긴 노하우와 세밀한 요소들에는 별 관심을 가지지 않고 있다가, 회사가 어려워지면 자신보다 회사를 더 모르는 어떤 컨설턴트에게 대책 없는 컨설팅을 받는다. 그리하여 해마다 수백 개의 예비 사회적 기업이 생기고 수백 개 이상의 사회적 기업이 문을 닫는다. 분명 벤치마킹의 모델인 선배 기업은 잘 운영되고 있는데 말이다.

여기서 내가 불허한다고 말하는 것은 창의적이고 생산적인 벤치마킹이 아니다. 공공연히 벤치마킹이라 부르지만 실상 진지한 고민 없이 기업의 중요한 부분을 카피하는 모방 비지니스를 말한다.

나는 해결하려는 문제나 비즈니스 모델이 같거나 비슷한 사회적 기업들은 네트워킹이나 소셜 프랜차이즈라는 형태로 그 노하우를 배우고 함께 진화해야 한다고 생각한다. 하지만 현재 한국의 사회적 경제는 여전히 혼자 움직이고, 협력하는 방법을 모른다.

선배 기업에게 조언과 도움을 요청한 후배 기업은 사회적 경제라는 미명 아래 그 노하우를 무상으로 취하려 하고, 또 반대로 선배 기업들은 내가 왜 대가 없이 노하우를 공유해야 하느냐고 한다. 이래서는 도무지 접점이 없다. 바로 이럴 때 동종 간 네트워킹과 소셜 프랜차이즈가 필요하지 않을까?

정당한 대가를 지불하고 공유해야

자본주의 시장에서 사회적 경제가 성장하기란 여간 어려운 일이 아니다. 방법이 다르고 목적이 다르기 때문이다. 그래서 앞서 성공한 사회적 기업들의 노하우를 배우는 일이 정말 중요하다. 사회적 경제시장 안에서 비슷한 비즈니스 모델의 또 다른 경쟁자가 되고 싶지 않다면, 또 경쟁자를 만들고 싶지 않다면, 그래서 기업이 가진 미션이 설득력 있고 시장경제 안에서도 경쟁력이 있다면 그 노하우는 소셜 프랜차이즈라는 방법으로 정당한 대가를 치르고 공유되어야 한다.

그렇다면 누군가 이러한 내용들을 정리하고 공유하며 주도해야 하는데, 그러려면 자본주의 시장에서의 프랜차이즈에 대한 이해와 기본 지식, 경험이 있어야 한다. 더불어 한국의 사회적 경제 현황도 꿰뚫고 있어야 한다. 그런데 현재 한국의 초기 사회적 기업 대부분은 비영리 단체를 모태로 하고, 시민운동가들이 많은 자리를 차지하고 있다. 이들의 장점은 다분히 인간적이라는 것이다. 그리고 단점은 지나치게 비영리적이라는 점이다.

그리고 중간지원 조직들의 구성은 생각보다 훨씬 젊다. 그래서 현장 경험과 상황에 따른 대처 역량이 부족하다 보니 도움을 줄 수 있는 분야는 법률이나 제도에 국한된 경우가 많다. 자본주의 시장과 사회적 경제를 어떻게 엮고 균형을 잡아가야 하는지, 어떻게 풀어가야 하는지 모르는 이유가 바로 여기 있다.

모방도 복제도 그만!

경기도 여주에는 결혼이주여성들의 경제적 자립을 돕기 위한 목적으로 만들어진 '통'카페가 있다. 처음에는 대학 주도로 진행된 비즈니스 모델이었는데 지역사회의 공감과 환영을 받으며 급속히 성장했다. 문제 해결의 공간으로 카페를 시작하고자 하는 전국의 많은 예비 창업자들이 그 카페를 다녀갔고 모범 사례, 우수 사례로 이름을 날렸다.

그런데 다른 지역에 같은 상호의 카페가 생겼다. 비즈니스 모델도 같고 사회적 목적도 같았다. 사회적 기업 박람회에서 그 카페를 보고 나는 처음에 소셜 프랜차이즈인 줄 알았다.

여주의 '통'카페로부터 항의를 받았지만 다음과 같은 답변만 늘어놓았다.

"지역이 다른데 무슨 문제가 되나요?"

"사회문제를 해결하는 것이 중요하지 이름이 중요한가요?"

"저희를 표현하기에 이만한 상호는 없는 것 같아요."

이 카페는 현재 영남 지역의 인증 사회적 기업이다. 여주의 '통'카페만큼 좋은 본보기가 되고 사업적으로도 성공할지는 모르지만 한 가지 확실한 것은 벤치마킹이라는 명분으로 복제한 기업은 존재하는 내내 본 기업의 그림자에서 벗어나지 못한다는 것이다. 하지만 처음부터 소셜 프랜차이즈 형태를 취했다면 마녀 카피 기업이 아니라 본 기업의 영광을 함께 누리며 함께 발전해나갔을 것이다.

　소셜 프랜차이즈 중에는 기존 프랜차이즈 사업처럼 본사에서 미리 프랜차이즈를 목표로 사업전략과 기획을 통해 시작하는 소위 '기획 프랜차이즈'도 있다(근래 소셜 프랜차이즈를 표방하는 대부분의 기업이 이런 프랜차이즈 형태를 취하고 있다). 선발 기업의 비즈니스 모델과 노하우가 필요한 후발 기업에서 먼저 프랜차이즈 형태로 공유해주길 요청하여 형태를 갖추어가는 경우도 있고, 다양한 분야의 여러 기업들이 모여서 공동으로 기획하고, 필요한 역할을 담당할 본사를 세우는 방법도 있다.

　앞에서 사례로 든 여주의 '통'카페는 경기도 내에서만 4개 직영 지점을 운영하고 있다. 이미 경기도 지역 내에서는 프랜차이즈 형태를 취하고 있는 것이다. 앞에서 언급한 영남 지역의 그 복제 기업도 여주 '통'카페와 동일한 상호를 사용하고 싶었다면 허락을 구하거나 정당한 대가를 치르고 프랜차이즈 형태의 공유를 요청했어야 한다. 만약 선발 기업에서 도움이나 공유를 거절한다면 미션과 사업 모델은 동의를 구할 필요가 없지만 최소한 동일한 상호를 무단으로 사용해서는 안 되는 것이다.

소셜 프랜차이즈의 좋은 예 _ 카페 '오아시아'

　여주의 '통'카페와 같은 소셜 미션을 가지고 비슷한 사업 모델을 갖춘 곳으로 카페 '오아시아'가 있다.

　　결혼이주여성들의 경제적 자립을 돕겠다는 카페 '오아시아
oasia'의 미션은 여주의 '통'카페와 같지만 운영 주체와 형태는 다
르다. 포스코의 전폭적인 지원과 세스넷의 주도로 처음부터 소셜
프랜차이즈 형태를 띤 협동조합으로 출발했다.

　　카페 '오아시아'는 현재 전국에 조합원 형태의 26개 가맹점
을 확보했다. 본점은 전국의 가맹점들과 모든 사업 노하우를 공유
하고, 재료와 소모품들을 공동 구매하는 형식으로 단가를 낮추고
있다. 정기 회의와 공동 교육을 통해 발전을 도모하며 가치와 명성
을 전 가맹점이 고스란히 함께 누리고 있다.

　　이러한 가치와 명성이야말로 벤치마킹의 가면을 쓴 명분 없는
모방이 아닌, 정당한 과정과 대가를 치르고 소셜 프랜차이즈를 지
향해야 하는 이유 중 하나다.

사회적 경제와 상도덕 그리고 윤리

상호를 베끼는 것은 벤치마킹이 아니다. 상도덕을 거스르는 행위일 뿐이다. 사회적 기업들 중 유명한 다른 사회적 기업의 이름을 같은 듯 아주 조금만 다르게 교묘하게 바꾸어 사용하는 경우도 있다. 이러한 기업들을 일반인들은 동일 기업으로 오해하고, 또한 소비자는 원하지 않는 기업에 구매나 서비스 요청을 하게 된다. 모방 기업은 어쩌면 이런 효과를 노렸을 것이다. 상호가 같거나 거의 같은 기업들의 이름이 거론될 때마다 같은 사회적 경제인으로서의 부끄러움, 바로잡지 못한 미안함, 해당 기업에 대한 실망감과 분노가 교차된다.

아무것도 하지 않은 것은 아니다. 한때 정의감에 불타서 지역별 중간지원 조직이나 고용노동부, 한국사회적기업진흥원 등 관련 기관들에 여러 번 항의를 했지만 대부분 답변을 해주지 않았고, 심지어 "그런 기업은 스스로 자멸할 것이니 그때까지 기다리라"는 형식적 대답만 들어야 했다. 게다가 "너희 기업 일도 아닌데 왜 나서냐?"라는 의심 가득한 태도와 "눈 가리고 입 닫고 네 일만 하는 게 낫다"라는 주변의 조언들은 우리 나라의 사회적 경제가 가야 할 길이 얼마나 멀고 험난한지 알게 해주었다.

사회적 경제는 '사회적'이라는 첫 글자를 달고 있으므로 기본을 더 엄격히 지켜야 한다. 사회적으로 통용되는 상도덕도 마찬가지다. 사회적 경제니까 괜찮은 건 없다. 사회적 경제이기 때문에 소비자들은 특혜와 묵인, 용서보다는 도덕성과 윤리, 상업적 가치 같은 요소를 더 엄격한 눈으로 지켜보며, 그 기업의 가치 평가에 적용함을 잊지 말자.

2 "혼자서는 힘들어" _ 프랜차이즈 이야기

시작 동기 _ 경영난 타개

앞서 언급했듯이, 프랜차이즈 사업을 여러 번 했지만 처음부터 프랜차이즈를 기획하지는 않았다. 프랜차이즈 사업을 위한 기획을 했다면 기획 프랜차이즈 회사가 되었을 것이고, 그랬다면 지금보다는 돈을 많이 버는 구조를 찾았을지도 모른다.

처음에 지사 계약을 맺게 된 것은 교재 인쇄비 절감 때문이었다. 대구 지역에 국한되어 교육 사업을 하는 입장에서 당시 10여 종 되는 교재의 기본 인쇄비와 재고는 매우 부담스러웠다. 그리고 시시때때로 바뀌는 교육 정책에 따라 교재도 바뀌어야 했으므로 만들어둔 교재는 최대한 빨리 소진해야 손해를 보지 않는 구조였다. 그래서 선택한 것이 프랜차이즈였다. 우리와 비슷한 사업을 하려는 누군가에게 우리의 교재를 공급하면 재고량도 줄고, 인쇄비도 절약할 수 있을 거라 생각했다. 그래서 가맹 계약의 조건은 다른 프랜차이즈들에 비해 매우 파격적일 수 있었다. 가맹 비용도 적었지만 비용 대비 관할 구역도 넓었고, 신규 사업에 대한 공유도 추가 비용 없이 함께할 수 있게 열어두었으며, 좋은 아이템이 있다면 역제안도 가능하게끔 계약서를 만들었다.

수익 구조를 결정할 때도 어차피 모두 직접 관할하지 못할 지역이라면, 그냥 내버려두느니 아주 적은 이윤이 생기거나 또는 이윤이 없더라도 누군가에게 기회를 주면 좋겠다고 생각했다. 단 하나 가장 중요한 요건이 있다면, 교육 사업의 기본 시스템을 이해하고 가급적 나와 생각과 성향이 비슷한 사람이면 좋겠다는 것이었다.

강사 파견 교육 사업의 특성상 항상 일이 있는 것도 아니었기에 본사와 가까운 지역의 지사 관할 구역이라면, 또는 제법 먼 거리라 해도 강사가 승낙하다면 일할 수 있는 폭과 기회를 넓힐 수 있다고 생각했다. 상근 강사들도 있지만 많은 비상근 강사들에 의한 교재 판매로 매출이 보전되었다. 이 강사들은 ODS의 구성원이기도 하지만 매우 중요한 1차 고객이기도 했다. 모름지기 고객은 자기에게 이익이 된다고 생각하는 물품을 구입하고 서비스를 선택한다. 그래서 나는 1차 고객인 강사들에게 더 많은 강의 기회를 주는 것이, 그들이 나와 ODS를 다시 선택하고 서로 신뢰하고 함께 멀리 갈 수 있는 방법이라 생각했다.

확장 _ 결실과 쓴 경험

가맹 요건과 방법이 조금 달라지기 시작한 건 네 번째 가맹 지사인 울산 지사가 만들어지면서부터였다.

네 번째 지사 설립 때는 고민이 좀 되었다. 앞선 두 지사의 사례와 달리 지사 설립을 희망하는 예비 울산 지사장의 성향과 역량을 잘 모르는데다 앞선 두 지사와 같은 요건으로 계약해도 괜찮을까 하는 고민이 생겼다. 그런 면에서 보면 기획 프랜차이즈 회사는 누구든 가맹을 맺고자 하면 얼마든지 가능하다. 출발이 다르기에 내가 했던 고민을 할 필요가 없기 때문이다.

그제야 다른 교육 프랜차이즈 회사들의 가맹 요건과 방법들을 찾아보기 시작했다. 그리고 탐색하며 고민할수록 내가 처음 프랜차이즈를 시작한 동기와 방법이 옳았음을 확신하게 되었다. 결국 예비 울산 지사장에게도 동일한 가맹 조건을 적용했다.

처음 구미 지사를 시작할 때보다 더 많은 프로그램을 가지고 있고, 노하우가 있고, 체계가 생겼는데도 같은 요건을 적용한 솔직한 이유는, 앞선 세 지사가 이익을 내고 있다고 해서 모든 지사가 다 이익을 내라는 법이 없는데다 만약에 생길 분쟁의 여지와, 혹시 가맹을 해지하게 될 경우를 고려했기 때문이었다. 또 우리 사업의 체계를 모르니 교육도 해야 하고, 초기 영업을 지원해야 하는 부담도 있었다. 다행히 지인의 소개였기에 기본적인 신뢰감이 있어서인지 계약은 어렵지 않게 이루어졌다.

그런데 앞선 지사들과는 확실히 동기와 출발이 다르다 보니 크고 작은 일들이 많이 발생했다. 특히 초기 영업 지원에 대한 요구가 커서 울산을 여러 차례 오가고, 기관에 전화하고, 제안서를 보내고, 찾아가서 설명하는 과정을 직접 보여주고, 실습시키고, 피드백하며, 강사를 선발하고 교육해 우리 프로그램을 세팅하는 과정에 이르기까지, 비로소 가맹 본사다운 활동을 했다. 쉽지 않은 과정이긴 했지만 그제서야 가맹 사업 본사의 모양새를 갖추었다고 생각한다.

점점 프랜차이즈 가맹 사업에 자신감이 생겼고, 온라인 커뮤니티를 통해 가맹 지사 모집 공고도 내보았다. 그렇게 하여 강원도 지사도 생겼다. 하지만 원거리 가맹 지사를 제대로 관리할 수 있는 내공은 아직 없던 터라 강원도 지사는 오래가지 못하고 가맹 계약 해지 첫 사례가 되고 말았다.

여러 요인이 있지만 가장 결정적인 요인은 지사장이 ODS의 이름으로 운영하는 교육 과정에서 수강생들과의 약속을 지키지 않아 신뢰를 떨어뜨렸기 때문이었다. 첫 번째 가맹 해지 통보는 이메일과 문자로(물론 법적 요건이 발생하려면 법적인 후속 과정도 필요하다) 내가 직접 했는데 그게 참 가슴 아프고 어려웠다.

첫 가맹 지사 계약 해지 사건은 가맹 본사와 지사 둘 다 치명적인 피해는 입지 않고, 감정의 찌꺼기도 남지 않고 잘 마무리되었다. 그것은 처음 계약할 때 지사가 가맹 비용을 무리하게 부담하지 않았고, 가맹 기간 동안 어느 정도 이윤이 발생했으며, 누구나 납득할 만한 해지의 요인이 지사에 있기 때문이었다.

성공 모델 _ 대전 지사

이후로도 여러 곳에 지사가 생겼다. ODS의 자랑인 대전 지사는 승승장구하던 구미 지사장이 대전으로 이사 가면서 만들어졌다. 대전 지사는 설립 시 가맹비를 받지 않았다. 그럴 필요가 없기 때문이었다. 처음부터 ODS는 가맹비와 로열티가 주수입이 아닌데다, 무엇보다 신뢰가 두터웠다. 이미 검증받은 실력자가 미개척지를 개척해준다는데 오히려 도움을 줘야 한다고 생각했기 때문이었다.

대전 지사는 정말 빨리 성장했고, 독립 법인으로 현재 대전에서 제법 이름 있는 사회적 기업이 되었다. '씨앗을 담는 주머니'라는 뜻의 ㈜씨오쟁이라는 이름으로 ODS의 비즈니스 모델 중 평생교육 분야를 바탕으로 사업을 운영 중이며, 더 나아가 새로운 사업 영역을 개척하여 ODS와 교류하며, 나처럼 매일매일 고민하면서 사회적 기업으로서 가치를 지키기 위해 노력하고 있다. ODS는 소셜 프랜차이즈 사업을 이렇게 의도치 않게 시작해버렸다. 교육 분야 사회적 기업 중 이렇게 가맹 지사로 출발하여 또 다른 사회적 기업이 된 사례는 찾아보기 힘들 것이다.

이어서 경기도 화성시에도 가맹 지사가 생겼다. 화성시의 초대로 다문화 관련 교육 프로그램 강의를 위해 10여 차례 화성시를 들락거리며 사람들을 만났고, 그 만남은 화성시에도 ODS의 지사가 만들어지는 계기를 만들어주었다. 화성 지사는 기존 지사들과는 성격이 달랐다. 정식 협동조합은 아니지만 흡사 협동조합 같았다. 교육 분야에서 일하다 결혼, 출산 등으로 경력이 단절된 5명의 가정주부가 일정 비용을 각각 나누어 운영을 시작했다. 그들은 화성시에서 주최한 교육 과정에 참여했던 수강생들이었다. 아직 활동량은 적은 편이지만 계속 함께 성장할 거라고 기대되는 지사다.

이 밖에 스쳐 지나간 지사도 두 곳 있다. 이들 지사의 특징은 본인들이 가진 사회적 가치와 역량을 강조하며, 열심히 할 테니 대신 가맹비를 면제해달라고 간절히 요청하여 실제 가맹비를 면제해주거나 다른 요건으로 충족을 시킨 경우였다. 이 두 가맹 지사는 가맹 계약서 외에 협약서를 쓰는 호들갑도 떨었지만, 프랜차이즈 사업에서 정당한 비용 지불이 얼마나 중요한지 확인하는 경험을 안겨주고 연락이 두절되었다.

3 협력과 네트워크

협력과 네트워크는 왜 필요할까?

나는 사회적 기업 ODS를 운영하면서, 대구 사회적 기업협의회의 이사 및 교육분과 위원, 대구 사회적 경제교육 네트워크 임시대표, 대구 중구 사회적 경제협의회 부회장, 사회적 협동조합 '더봄'의 이사, 협동조합 '청라무지개'의 이사이며, 현재 '근대로(路)생산자 협동조합'의 출범을 준비하고 있다.

많은 직책을 맡았다고 자랑하는 것이 아니다. 자랑하기엔 대부분 민간 조직이라 외부에서 그리 인정해주는 직책들은 아니다. 다만 위의 직책들은 모두 사회적 기업을 운영하며 맺은 네트워크와 협력 사업의 증거들이다. 지금도 협력하고 있다는 증거이며, 앞으로 함께 해나가야 할 일들을 짐작케 해주는 직책들이다.

사회적 기업을 성공적으로 이끄는 조직들의 공통점은 다른 회사나 다양한 단체들과 넓은 관계망을 이루고 이를 지속해 나간다는 점이다.

일을 하며 만나는 관계를 비즈니스 관계라고 부르는데, 나는 비즈니스 관계를 이렇게 단순히 일을 통해 만나는 관계로만 생각하지 않는다. 모든 관계와 네트워크는 결국 사람과 사람, 개인과 개인의 만남이기 때문이다. 사람을 만난다는 것의 발전 가능성은 가늠할 수 없는데, 비즈니스 관계라는 말이 주는 어감은 사람 간의 관계보다는 단지 주어진 일만을 위해 만난 매정한 관계로 네트워크의 발전 가능성을 제한한다는 느낌이 들기 때문이다.

개인과 개인의 관계는 호감에서 시작해서 배려와 존중에 의해 유지되며 더 친밀해지는데, 이런 관계의 원칙은 친구와 연인 관계에만 국한되지 않는다. 관계와 네트워크가 가져다 줄 수 있는 모든 가능성을 열어두자. 긍정적 관계의 발전 가능성은 기관과 기관, 기관과 단체의 호감도에 좌우되는 것이 아니라 결국 개인 간 배려와 존중에서 나오기 때문이다. 기본은 결국 사람과 사람이며, 그것을 다시 비즈니스 용어로 부른다면 '협력'과 '네트워크'다. '협력'과 '네트워크'는 서로를 발전시키기도 하고, 새로운 사업 영역을 만들어내기도 하고, 각자의 고유 영역을 지켜주기도 한다.

시작부터 네트워크

ODS는 처음부터 네트워킹 활동 영역을 한정된 기업에 두지 않았다. 그래서 상호도 초기의 '옹달샘'에 확장성을 담아 'ODS'로 바꾸었고, 사회적 기업 육성 과정도 전국구 활동을 고려하여 5개월간 대구와 서울을 왕복하며 참여했다. ODS와 구성원들은 처음 법인 설립을 목표로 논의할 때부터 어떤 일을 하려는지, 어떤 문제를 어떤 방식으로 해결할 것인지 구체적인 목표를 설정했는데, 목표가 뚜렷해지니 네트워크의 영역과 협력 방법도 명확해지는 경험을 했다.

속된 말로 '영양가' 있는 만남을 위해서는 먼저 스스로 영양가 있는 기업이나 개인이 되어야 한다. 나누려고는 하지 않고 구하려고만 한다면 제대로 상호작용이 될 리가 없다. 영양가 있는 네트워크를 형성하고, 좋은 협력 관계를 만들려면 사업을 계획하는 단계부터 목표하는 네트워크와 협력의 대상을 설정해두는 작업이 필요하다.

ODS의 소셜 프랜차이즈화를 위한 기초 작업은 그렇게 시작되었고 조금씩 결과를 내고 있다. 처음부터 전국구가 목표였고, 현재 전라도와 강원도를 제외한 전국에 7개 지사를 네트워크를 통해 만들어냈다 이 글이 책으로 나올 때 쯤이면 어쩌면 전라도와 강원도 두 곳에도 ODS의 지사가 만들어져 있을지도 모르겠다.

오만과 편견 없이

초기에 네트워크 형성을 위해 매진할 때 주 대상은 고객들이다. 그 과정에서 의도치 않게 저돌적이라는 인상도 남기고, 소모적인 관계를 만들기도 해서 당혹스러울 때도 있다. 하지만 초기 단계 목표를 향해 달려갈 때는 합리적 만남을 위한 계산 따위는 불가능하고, 해서도 안 된다고 생각한다.

나는 제인 오스틴의《오만과 편견pride and prejudice》이라는 소설을 정말 재미있게 읽었다. 영화로도 만들어졌는데, 오만한 남자 주인공과 편견을 가진 여주인공의 연애사가 제법 흥미진진하게 벌어진다. 그 둘의 이야기는 단지 재미난 연애사에 국한되지 않는다. 오만한 태도와 편협한 시각이 어떤 기회를 빼앗아가는지 알려주며, 나아가 나 자신이 오만하지는 않은지, 편협한 시각을 가지고 있지는 않은지 돌아보게 한다. 초기 단계에서는 오만함은 물론이고 편견을 가지고 네트워킹의 대상을 골라서도 안 된다. 설정된 목표를 향해 진심을 담아 달리는 모습에 감동을 주는 방법으로 네트워크를 형성해 나갈 때 건강한 관계들이 만들어진다.

목표 지향적 네트워크의 예 _ 삼백식당

강북희망협동조합에서 운영하는 '삼백'이라는 식당이 있다. 무항생제 한우 뼈를 이용해 뼈탕을 만들고 건강한 먹거리 보급과 올바른 식문화를 위한 교육 사업을 하는 협동조합이다. 운영하는 식당의 이름이 '삼백'인 이유는 300명의 충성도 강한 조합원 모집이 목표이기 때문이라 한다. 강북희망협동조합의 강혜진 이사장은 대상을 가리지 않는 저돌적인 홍보 활동으로 유명하다. 그런 자세라면 분명히 성공할 거라는 이야기를 주위에서 많이 듣는다. 어느 날 커뮤니티 밴드에 강혜진 대표의 멋진 사연이 올라왔다. 감동에 휩싸인 격앙된 목소리가 들리는 듯했다.

오늘 아침에 삼백식당으로 할아버지 한 분이 오셨습니다. 평소에 우리 가게에서 파지를 가져가시는 분입니다. 지난번에 설명 들었다면서 조합원으로 가입하겠다고 하셨습니다. 무심코 가입 신청서를 드린 뒤 설명을 하기 위해 마주 앉았더니 이미 거의 다 쓰셨더군요. 그런데 출자 금액을 확인해보니 10구좌 50만 원이었습니다. 혹시나 싶어 "할아버님 50만 원 맞습니까?"라고 물으니 "그렇다"면서 비닐로 싼 지갑을 꺼내 50만 원을 꺼내 주셨습니다. 순간 많은 감정이 일었습니다. 고마우면서도 죄송한 마음이었습니다. 팔순을 코앞에 둔 할아버지에게는 힘들게 번 거금일 텐데 당신보다는 오히려 우리를 더 생각해주신 마음에 아침부터 코끝이 찡해졌습니다. 그러면서 할아버지는 힘들게 모아놓은 파지를 몇 번 도난당한 이야기를 하셨습니다. 세상이 참 각박하다면서, 하지만 나보다 형편이 못한 사람이겠거니 여기겠답니다. 사업을 하다 실패해 작업장 반장으로도 일했지만 이젠 고령으로 일자리가 마땅찮아 파지를 주우러 다닌다면서요. 조합원으로 가입한 뒤 가게를 나서는 할아버지의 뒷모습을 보면서, 관심을 가지고 힘을 보태주시는 할아버지와 모든 조합원의 기대에 어긋나지 않기 위해서는 더 열심히 노력해야겠다는 다짐을 한 번 더 하게 됐습니다.

이 사연은 목표 지향적 네트워크 활동이 이루어낸 성과라고 생각한다. 과연 나라면 파지를 줍는 어르신께 조합 이야기를 먼저 건넬 수 있었을까? 오만하지 않고, 편협하지 않고, 돌아보지 않고, 계산하지 않고, 가리지 않고 달려야 하는 이유를 보여주는 사례라 하겠다.

발전을 위한 네트워크

목표 설정 단계와 시작 단계에서 만들어진 네트워크를 발판으로 사업이 자리잡아가고, 발전 단계에서 만들어지는 네트워크의 대상과 형태는 의도하지는 않아도 약간 달라진다. 비슷한 영역의 일을 하는 사업체들 간에 네트워크가 만들어지고, 이론적·실제적인 학습과 경험을 공유하기 위한 소모임에서 초대장을 보내온다. 다양한 형태의 협회나 협의회 등에서도 러브콜을 보내는 시기가 된다. 아직 미미하나마 진정성을 인정받고 존재감이 드러나기 시작하는 이때는 네트워크가 더욱 다양해짐과 동시에 여러 이해 관계가 형성되는 시기다.

지금까지 돌아보지 않고 달려왔다면 이때부터 관계에 옥석이 가려지기 시작한다. 하지만 옥석은 나 또는 우리가 가리는 것이 아니다. 네트워크 안에서 일어나는 수많은 사건과 사연들과 시간이 자연스럽게 가려준다. 찾아 나서지 않아도 네트워크가 형성된다면 발전하고 있다는 증거로 생각해도 좋다.

기여를 위한 네트워크

주위의 사회적 기업가들 중에는 '협의회'라면 정색하는 이들이 있다. 딱히 하는 일도 없어 보이고, 수익도 안 되는 협의회 직책을 자리 좋아하는 대표들의 친목모임 쯤으로 생각하는 경우도 있다. 하지만 이들이 놓치는 가장 큰 부분은 협의회의 순기능이다. 내 경험상 사회적 기업은 일반 영리 기업보다 유혹이 강하다. 미션을 포기하고 싶은 유혹, 목표를 바꾸고 싶은 유혹들이 항상 사회적 기업가들을 괴롭힌다. 스스로도 유혹을 이겨내고 절제해나가지만 협의회를 통한 네트워킹에서 얻게 되는 정보와 사례는 흔들리는 자신을 잡아주기도 하고, 흔들리는 동료 기업가를 독려하기도 한다. 미션을 놓치고 있지는 않은지, 사회적 기업으로서의 가치를 버리며 엉뚱한 방향으로 가고 있지는 않은지, 서로 감시와 응원이라는 순기능을 많은 이들이 놓치고 있는 것 같다. 지역에서 또는 한 영역에서 창업하고 네트워킹을 통해 발전하고 있다면, 이제는 지역과 그 영역에 기여하기 위한 협력을 해야 할 것이다.

모든 위대함은 관계에서 시작한다

대구의 사회적 기업 지원 기관인 '(사)커뮤니티와 경제'의 출입구에 적힌 글귀, '모든 위대함은 관계에서 시작한다.' 누군가를 만나기 전, 또는 기관과의 미팅이나 회의를 앞두고 한번쯤 되뇌어볼 만하다. 이 글귀 하나가 (사)커뮤니티와 경제가 어떤 마음가짐과 자세로 현장을 대하는지 충분히 가늠하게 한다. 실제로 (사)커뮤니티와 경제는 전국에 있는 사회적 기업 지원 기관 중 설문 조사에서 신뢰도와 만족도 부문 매해 1위를 차지한다. 네트워크와 관계를 보는 관점은 태도를 결정하고, 그 태도는 결과를 디자인하기 때문이다.

네트워크는 의지를 실은 작은 관계에서부터 시작하고, 그 관계는 발전하여 협력하고, 마침내 위대한 결과를 만들어낸다.

서로를 발전시키기도 하고, 새로운 사업 영역을 만들어내기도 하고, 각자의 고유 영역을 지켜주기도 하는 네트워크 형성과 협력 사업을 뜨겁게 응원한다.

한국사회적기업진흥원의 활동과 지원

아래는 한국사회적기업진흥원 홈페이지에 안내된 지원 기관 안내 목록이다. 진흥원의 역할은 사회적 기업과 협동조합의 육성과 진흥이다.

그리고 지역마다 사회적 기업과 협동조합을 도와주는 기관이

있다. 이 기관은 해마다 새로 지정되어 바뀌는 경우가 있으므로 한
국사회적기업진흥원의 홈페이지를 수시로 확인해볼 것을 권한다.

• 사회적 기업 지원 기관

한국사회적기업진흥원	경기도 성남시 수정구 수정로157 한화생명빌딩 7,8층 전화 053-697-7700 http://www.socialenterprise.or.kr/index.do

• 권역별 지원 기관 목록

서울	(사)한국 마이크로크레디트 신나는조합	서울특별시 서대문구 통일로 107-39, 200호 (충정로 2가, 본관) 전화 02-365-0330 _ 팩스 02-365-0440 이메일 joyfulunion@naver.com
경기	사회적협동조합 사람과세상	경기도 수원시 장안구 경수대로 1020번길 7 세진빌딩 2층 전화 070-4763-0130 _ 팩스 070-4763-0120 이메일 pns@pns.or.kr
인천	사)시민과대안연구소	인천광역시 부평구 부평대로 51번길 26 성원빌딩 5층 전화 032-715-5561 _ 팩스 032-715-5562 이메일 simin2014@hanmail.net
강원	(사)강원도사회적 경제지원센터	강원도 원주시 호저로 47 B109 전화 033-749-3905 _ 팩스 033-749-3900 이메일 gwcs0524@naver.com
대구	(사)커뮤니티와경제	대구광역시 중구 국채보상로 489 유창빌딩 5층 (동산동 11-4번지) 전화 053-956-5001 _ 팩스 053-217-5003 이메일 ucsr@hanmail.net
경북	(사)지역과 소셜비즈	경상북도 경산시 삼풍로27 경북테크노파크 글로벌벤처동 5층 2502호 전화 053-956-5002 _ 팩스 053-267-5003 이메일 se@sebiz.or.kr

부산	(사)사회적기업연구원	부산광역시 금정구 중앙대로 1833 현대빌딩 4층 전화 051-517-0266 _ 팩스 050-4926-0028 info@rise.or.kr
울산	사회적협동조합 울산사회적 경제지원센터	울산광역시 중구 신기8길 7, 2층 전화 052-267-6176 _ 팩스 052-267-6177 이메일 ulsan@sescoop.or.kr
경남	모두의 경제 사회적협동조합	경상남도 창원시 성산구 단정로 9 803호 (상남동 토토스빌딩) 전화 055-266-7970 _ 팩스 0303-0945-7945 이메일 moducoop@naver.com
광주	사회적협동조합 살림	광주광역시 서구 상무중앙로 43 BYC빌딩 7층 전화 062-383-1136 _ 팩스 062-384-1137 이메일 ses@socialcenter.kr
전북	사단법인 전북사회경제포럼	전라북도 전주시 완산구 새터로 122-11 (엠플러스빌딩 301호) 전화 063-251-3388 _ 팩스 063-251-3348 masterjse@gmail.com
전남	(사)휴먼네트워크 상생나무	전라남도 무안군 삼향읍 오룡3길 2, 3층 전화 061-282-9588 _ 팩스 0303-0955-9571 이메일 sstreetree@naver.com
제주	(사)제주사회적경제 네트워크	제주특별자치도 제주시 중앙로 165 제주고용복지플러스센터 1층 전화 064-726-4843 _ 팩스 064-755-4843 이메일 jejusen2015@hanmail.net
대전, 서울	대전사회적경제연구원 사회적 협동조합	대전광역시 중구 보문로 293(선화동, 3층) 전화 042-223-9914 _ 팩스 070-8787-7000 이메일 c-cmail@hanmail.net
충북	(사)사람과 경제	충청북도 청주시 흥덕구 사운로 226(운천동, 5층) 전화 043-222-9001 _ 팩스 043-223-9201 이메일 cbse@hanmail.net
충남	(사)충남사회 경제네트워크	충청남도 안산시 배방읍 호서로 79번길 20호 서벤처밸리 203호 전화 041-615-2012 _ 팩스 041 415 2013 이메일 cnse1212@gmail.com

5장 _____

무엇을 갖춰야
할까?

익숙해지고 나니 매번 지치게
하는 것이 있다. 행정과 회계다.
그런데 그걸 놓거나 놓치게 되면
회사의 시스템은 멈춘다.

행정과 회계와는 차라리 친구가 되자.

1 '불시점검'의 아찔한 기억과 교훈

앗! 회계장부를 안 적다니······

사회적 기업을 운영하면서 가장 불편한 점 중 하나는 미처 예상 못한 시간에 이루어지는 점검 제도다. 고용노동부와 지자체가 합동으로 하는 이 점검은 마치 야간에 갑자기 하는 음주운전 단속과도 같다. 인건비 일부와 사업개발비를 지원받는 대신 지켜야 할 법 조항이 있는데, 조선시대 암행어사처럼 불시점검하여 이 조항들이 잘 지켜지고 있는지 확인하는 것이다.

ODS의 첫 번째 점검에서는 오히려 점검 담당자들이 더 당황스러웠을 것이다. 그날은 '무식하면 용감하다'는 말이 증명되는 날이었다.

2013년 4월 1일부로 예비 사회적 기업이 되었고, 6월 말 첫 번째 점검을 받았다. 고용노동부에서 1명, 관할 지자체에서 1명이 나왔다. 가장 먼저 직원들의 출근부를 점검했다. 배우고 들은 바가 있어서 잘 관리된 출근부와 근무 상황부는 합격을 받았다. 그리고 문제의 회계서류 점검이 시작되었다. 점검 담당자들은 회계 관련 서류들을 달라고 했다. 나는 자신 있게 통장과 날짜별로 잘 묶어놓은 영수증 철을 내놓았다.

고용노동부 담당자가 말한다.

"이거 말고 회계장부를 주세요."

"회계장부는 세무사에게 기장을 맡겨서 제겐 없어요."

고용노동부 담당자와 관할 지자체 담당자는 얼굴이 흙빛이 된 채 아무 말이 없다.

나는 이유를 모른 채 있다.

한참 침묵이 흐른다.

고용노동부 담당자가 관할 지자체 담당자에게 묻는다.

"주무관님, 이제 어쩌실 건가요?"

지자체 담당자는 긴 한숨을 쉰다.

나는 계속 이유를 모르지만 뭔가 잘못 되었음을 눈치는 챈다. 하지만 일단 모른 척하기로 한다. 그래도 긴 침묵이 신경 쓰여 걱정스럽게 묻는다.

"뭐가 잘못 되었나요?"

두 담당자가 나를 뚫어져라 바라보더니, 지자체 담당자가 무겁게 말을 꺼낸다.

"대표님, 이렇게 하시면 회계 관리 부실로 예비 사회적 기업 취소 사유가 됩니다. 장부를 작성하지 않다니요? 여기가 개인 사무실입니까? 여긴 기업이잖아요? 그것도 운영이 투명해야 하는 사회적 기업입니다. 지금 얼마나 큰 잘못을 한 건지 아세요?"

청천벽력과도 같았다. 어떻게 만든 법인이고 어떻게 지정된 예비 사회적 기업인데 불과 3개월 만에 지정 취소라니? 이번에는 내가 너무 당황해서 한참 말을 잇지 못하다 울먹이다시피 겨우 한 마디 했다.

"아무도 나에게 장부를 직접 작성해야 한다는 말을 안 해줬어요."

가끔 사회적 기업을 준비하는 분들을 대상으로 강의를 하는데, 기업의 형성 과정을 이야기할 때 그날의 사건을 사례로 자주 이야기하고 있다. 지금도 ODS가 무사하니 그 사건은 잘 해결되었을 거라고 짐작할 것이다. 그렇다면 어떻게 위기를 극복했을까? 극복이라기보다는 모면한 수준이었다.

나는 배짱 좋게 두 담당자에게 오히려 화를 냈다.
"사회적 기업을 육성한다면서 왜 회계 교육은 안 해주는 건가요? 아무것도 모르는 초보에게 어느 누구도 알려주지 않고서는 이제와서 지정 취소라니요? 온갖 지원제도는 자세하게두 알려주면서 그렇게 중요한 건 왜 알려주지도 않는 거예요?"

그러고는 즉각 제안을 했다.

"시간을 주세요. 딱 이틀 시간을 준다면 무슨 수를 써서라도 회계 자료들을 완벽하게 갖추어 다시 점검받을게요. 이런 거 미리 가르쳐주지도 않은 책임도 있으니 이 정도는 기다려주실 수 있죠? 딱 이틀만요."

그날은 금요일 오후였고, 월요일 오전 9시까지 회계장부를 완벽하게 작성하고 구비하여 다시 점검을 받기로 했다. 토요일, 일요일 이틀의 시간을 번 것이다. 그 결과, ODS는 지금도 무사하며, 현재 ODS의 회계서류는 타 기업의 모범 사례로 활용되고 있다.

산 하나 넘으니 더 높은 산이

두 번째 점검은 더 매서웠다. 고용노동부 담당자와 다른 지자체 담당자 2명과 중간지원 조직 1명, 모두 5명이 오후 4시쯤 사무실 문을 열고 들어왔다. 이번에는 우리 회사의 관할 자치구 담당자는 오지 않았다. 점검의 공정성을 위해 한 번씩은 해당 기업과 상관이 없는 다른 자치구의 담당자들이 오는 경우가 있다. 이번 점검에서는 회식비를 지적받았다. ODS의 구성원들은 대부분 주부들이다. 그래서 ODS는 주부들을 배려하여 점심식사를 함께 하는 것으로 회식을 대체하는 경우가 많다. 그런데 낮에 겨우 칼국수 먹은 것을 가지고 근무 시간을 이용한 건 아닌지, 회식 비용이 기업 규모와 매출에 비해 과다한 건 아닌지 꼬치꼬치 캐묻는 게 아닌가? 화가 확 치밀어올랐다. 전날 저녁 뉴스에 나왔던 정부기관 간부의 공금 유용에 대한 기사가 떠올랐다. 나는 "지금 누가 누굴 나무라는 건가요?"라고 되물었다. 물론 마음속으로만······.

그날 점검은 퇴근 시간을 훨씬 넘겨 끝났고, 원치 않았던 방문자들의 까다로움과 고압적이고 자존심을 건드리는 행동과 말투에 마음을 다쳐, 법인 설립 후 처음으로 직원들 앞에서 소리 내어 울었다.

사회적·도덕적 잣대 위에서

이후 매해 상반기 하반기 각 1회씩 연간 2회 점검을 받았다. 앞 사례처럼 2명 정도만 오는 경우는 아주 양호하다. 두세 번 중 한 번은 4명 이상 와서 굳은 표정과 고압적인 자세로 회사 전체를 쩔쩔매게 만들기도 한다. 그러다 보니 시회적 기업가들 중에는 점검 나온 담당자들과 서로 얼굴을 붉히는 정도가 아니라 항의하거나 싸우는 경우도 있다. 그들은 이렇게 항변한다.

"사회적 기업을 잠정적 경제 사범으로 보기 때문에 불시점검이라는 제도가 있는 것 아닌가요? 온갖 설명회를 통해 모집해서 육성하고 인증해줄 때는 언제고, 인증 후에는 이유 불문 고압적 자세로 범죄자 취급하는 행태는 어디에도 없을 것입니다."

물론 나는 백번 공감한다. 하지만 나도 사회적 경제인이 되기 전에는 정부 지원을 받는다면 그 정도의 불편함은 당연히 감당해야 한다고 생각했다. 그걸 모르고 사회적 기업인이 된 건 아니지 않냐고.

솔직히 말하면 불시점검은 유쾌하지 않은 제도이고 겪지 않으면 좋겠지만, 이런 제도가 생긴 것, 그리고 이만큼 까다로워진 것은 기존 사회적 기업들의 태도와 문제점 때문이기도 하다. 해마다 뉴스와 신문에는 사회적 기업이 정부 지원금을 부정적인 방법으로 수급하여 도용한 경우가 꼭 두세 차례 이상 나온다. 사회적 기업을 위한 재정 지원제도 중 가장 큰 것이 인건비 지원이다. 사회적 기업에서 신규 인력을 채용하면 4~5년간 매해 조금씩 다른 비율로 최저 인건비의 70~30퍼센트와 4대 보험료 일부를 지원해준다. 그런데 서류상으로만 채용하고 지원금만 따로 챙기는 경우가 있다. 당연히 모든 기업이 도덕적이어야 하지만 사회적 기업은 더욱 기본을 지키고 법을 준수해야 한다. 정부가 사회적 기업을 '착한 기업'이라고 홍보해주는 특혜를 누리고 있지 않은가? 그래서 영리가 목적인 일반 기업이 그럴 수도 있다고 생각하는 문제들이 사회적 기업에는 허용되지 않는 것이다. 사회적 기업가들은 억울할지 모르겠지만 정부나 시민 입장에서 보면 당연하다. 내가 사회적 기업가가 되기 전 사회적 기업을 보는 도덕적 잣대가 더욱 엄격했던 것처럼 말이다.

지켜야 할 것을 지킨다면 no problem!

많은 사회적 기업들이 불시점검 제도를 잘못된 제도라며 불편해한다. 잘못된 방법과 제도는 당연히 바뀌어야 한다. 하지만 불시점검 제도가 만들어진 이유가 몇몇 사회적 기업들의 불법 행위에서 시작되었음을 돌아보면, 이 제도가 없을 경우의 결과도 짐작된다. 그러므로 바꾸기 위해서는 신뢰와 설득력이라는 힘을 가져야 한다. 신뢰와 설득력은 몇 개 사회적 기업들만의 노력만으로는 힘들다. 그리고 많은 사회적 기업이 노력해서 신뢰와 설득을 얻는다 하더라도, 소수의 불법적 운영은 모든 것을 다시 제자리로 돌려놓고 만다.

당장의 불시점검이 너무 힘들어도, 원치 않는 번거로움과 불쾌함이 있을 것을 예상하고 시작했다면 우선은 기꺼이 감당해야 한다. 그리하여 사회적 기업을 잘 운영하여 신뢰와 설득력을 갖고 난 후에는 이런 제도를 대체할 방법을 제안하거나 개선하는 데 힘을 보태주기 바란다.

2 어려운 점, 주의할 점, 그리고 극복의 길

행정은 절차일 뿐이고, 절차는 익숙해진다

지인들 중에는 사회적 기업에 관심도 많고 자격 요건이 충분한데도 사회적 기업은 운영하지 않겠다고 말하는 이들이 있다. 왜냐고 물으면 대부분 이렇게 대답한다.

"아이고, 그 복잡하고 많은 서류들을 어떻게 감당해요? 저는 그냥 내 식으로 편하게 돈 벌어서 좋은 일 하렵니다."

그리고 사회적 기업에 종사하고 있는 사람들의 이야기를 들어보면 사회적 기업으로서 지켜야 할 법규와 원칙들을 지키며 사업을 유지해나간다는 것이 너무 번거롭고 어렵다고 이야기한다. 사회적 기업이 되기는 어렵다. 하지만 유지하기는 더 어렵고, 지켜야 할 요건들을 지키며 유지하기는 더 어렵고 번거롭다.

사실 행정적 서류들을 챙기고 작성하는 일은 어렵다기보다는 번거로울 뿐이다. 번거로운 일은 익숙해지면 더 이상 어려움이나 난관이라고 불리지 않는다. 물론 익숙해지기 전까지는 당연히 어렵다.

중견 사회적 기업은 어떤 어려움을 느끼는가?

보통 수많은 서류들과 행정적인 절차의 어려움은 사회적 기업 진입 초기 단계일 때 가장 많이 호소하는데, 어느 정도 시간이 흐르고 나면 어려움의 내용은 달라진다.

경력 4~5년 이상의 사회적 기업가들에게 사회적 기업가로서 느끼는 가장 큰 어려움이 뭐냐고 물어보면 의외로 행정과 서류에 대한 이야기는 적다. 다음과 같은 답변이 가장 많았다.

- 사회적 미션 수행과 수익성 간의 갈등, 사회적 기업가 스스로 끊임없이 혼돈스러워하는 영리와 비영리의 간극, 공익과 영리의 균형
- 세상의 시각과 실제의 차이, 즉 일반적 인식은 공익적인 면을 강조하지만 막상 정책은 매출과 고용 등의 영리적인 면을 강조
- 사회적 기업가들 스스로 세운 모호한 기준의 사회적 책임과 사회 서비스
- 종업원 관리에서 오는 갈등
- 종사자 역량(회계 인력 또는 전문인력을 잘 만나는 것)

- 자원 동원: 자금 조달 채널
- 조직 관리: 말 조심, 원칙 지키기
- 사회적 기업가 자신들의 불투명한 중장기 비전

사회적 미션 수행과 수익성 간의 갈등

이 문제는 나도 늘 고민한다. 한국의 사회적 기업은 다른 국가들과 달리 정부 주도형이다. 정부는 경제 성장과 취약계층의 일자리 창출을 위해 사회적 기업 지원제도를 국가 주도형으로 설계했다. 그래서 예비 사회적 기업이 되면 사업계획서의 가장 중요한 부분 중 하나인 '몇 명을 고용할 것인가'를 결정해야 한다. 해당 지역 시군구청의 사회적 기업 담당자도 정부 지원 일자리 제도를 통해 몇 명을 채용할 것인가 묻는다. 예비 사회적 기업이 되고 나면 첫 해에 기존 채용하고 있는 직원 외에 추가 고용을 할 경우 최저시급의 80퍼센트를 고용노동부가 지원해준다. 2년차부터 지원 비율은 점점 줄어들고 인건비 일부 지원은 최대 5년간 이루어진다. 그래서 대부분의 예비 사회적 기업들은 지금 당장 필요한 인력이 아닌데도 초과 고용을 하게 된다. 내 경우에도 처음 예비 사회적 기업이 될 때 기존 고용 인원이 2명이었는데 지자체의 담당 공무원은 ODS에 10명의 신규 인원을 채용할 것을 권했다. 지금 당장도 추가 고용 없이 운영이 가능한 기업에 추가 고용 10명이라니?

결국 5명으로 합의했다. 사실 5명도 당시 매출과 수익 상황으로는 초과 고용이었다. 하지만 ODS는 여러 유형의 사회적 기업 가운데 '일자리 창출형'이었고, 일자리 창출을 위한 사회적 기업은 5명 이상 고용을 유지해야 하는 조건이 있었다. 당시 현실감이 부족한 초보 기업가였던 나는 곧이곧대로 5명을 추가 고용했다. 문제는 그때부터 발생했다.

영업 이익과 일자리 창출 사명의 딜레마

3~4명이 충분히 해낼 일을 두배 수인 7명이 나누어야 했다. 일하는 시간보다 쉬는 시간이 더 많았다. 그래서 역량 강화를 위한 교육 프로그램도 운영하고, 자원봉사 활동도 자처했다. 당연히 매출 향상을 위한 영업 활동에도 더욱 박차를 가했지만 매출이 갑자기 2~3배 오르는 건 불가능했다. 나중에 안 사실이지만 당시 ODS는 초과 고용을 해야 할 의무는 없었다. 그리고 ODS의 비즈니스 모델은 '일자리 창출형'이 아니라 '혼합형' 또는 '기타형'이 적절했는데, 사회적 기업으로 인증받기 쉬운 모델이 일자리 창출형이라는 이유로 지원 기관이 권하는 대로 일자리 창출형으로 신청했던 것이다. 당시 아무도 나에게 초과 고용을 할 의무가 있는 건 아니란 사실을 알려주지도 않았고, 꼭 일자리 창출형이 아니어도 된다는 말을 해주지 않았다.

결과는 뻔했다. 매출이 매해 20~30퍼센트가 상승해도 영업 이익은 해마다 마이너스였다. 그렇다고 초기부터 함께 일해온 동료들을 해고할 수 없었다. 일자리 창출형 사회적 기업 요건도 유지해야 했기 때문이다. 그때부터 고민이 시작되었다.

사회적 기업 지원 기관인 고용노동부와 지자체, 사회적기업진흥원에서는 매출 향상을 하라고 독려(나는 독촉으로 느껴졌다)했고, 동시에 지역사회에 기부도 하고 봉사도 하라고 했다. 초과 고용을 하는 것 자체는 기본 요건이지 지역사회 기여 사항으로 인정되지 않았다. 게다가 지역사회에서는 ODS는 사회적 기업이니 기부를 해달라, 무료 수업을 해줄 수 있냐는 등의 요청을 해왔다. 그뿐이 아니었다. 바쁜 근무 시간에 수십 건의 설문지 작성, 면담과 인터뷰 요청도 쏟아졌다. 거절하기엔 기업 이미지가 걸리고, 수용하기엔 부담이 너무 컸다.

정보와 현상에 민감하고, 서류 및 업무 처리도 빠른 구성원들을 직원으로 뽑아 많은 수익을 내는 것은 장애인이나 이민자, 노인 등 상대적으로 업무 효율이 낮은 취약계층과 함께 수익을 내는 노력에 비할 바가 못 된다. 여기서도 딜레마가 발생한다.

그래서 많은(물론 모두는 아니다) 사회적 기업가들은 고용 유지와 수익 창출 사이에서 항상 고민을 안고 살아간다.

2017년 현재 사회적 기업의 유형은 다음과 같다.
1. 일자리 창출형(취약계층에게 일자리를 제공하는 것이 주 목적)
2. 사회 서비스 제공형(취약계층에게 사회 서비스를 제공하는 것이

주 목적)

3. 혼합형(일자리 창출형+사회 서비스 제공형)

4. 기타형(사회적 목적 실현 여부를 고용 비율과 사회 서비스 제공 비율 등으로 판단하기 곤란한 사회적 기업)

5. 지역사회 공헌형(지역사회 주민의 삶의 질 향상에 기여) 등이 있다.

가치관과 소통의 문제

수익이 적절히 난다 해도 사회적 기업은 또 다른 문제에 봉착한다. 함께 일하는 구성원의 가치관과 소통 문제다. 일반 영리 기업은 사업주와 종사자 모두의 가치관과 목표가 뚜렷하다. 수익을 최대한 많이 내면 된다. 수익이 많이 나면 급여도 오르고 복지도 좋아진다. 그래서 목표를 향해 일사불란하게 움직이고, 급여를 주는 사업주와 상사는 권력과 설득력을 가진다.

하지만 사회적 기업에서 정부의 지원을 받아 채용한 종사자들의 경우에는 기업과 가치관이 다른 경우가 많다. 그들은 본인 급여의 대부분을 정부가 준다고 생각하기에 자신은 그 기업이 아닌 정부에 소속되어 있다고 간주한다. 그래서 기업이 부담하는 급여 수준만큼만 일한다. 업무를 독촉하면 불만이 생긴다.

그러므로 사회적 기업은 종사자들의 직무 향상을 위한 교육과, 기업이 부담해야 하는 성희롱 예방 교육, 안전 교육 외에도 기업이 가진 미션을 이해하고 적극 동참하도록 가치 지향적 가치관 형성을 위한 소통과 교육을 끊임없이 해야 한다.

자금 조달의 출구는?

사업 유지와 운용을 위한 자금 조달은 모든 기업의 공통 문제다. 그런데 사회적 기업은 자금 조달을 받기 위한 기준이 모호한 경우가 많다. 사회적 기업으로 인증을 받고 나면 중소기업이 된다. 그런데 자금 지원을 받기 위해 중소기업청에 가면 매출 규모를 보고는 중소기업이 아니라며 소상공인 지원센터로 가보라고 한다. 그래서 소상공인 지원센터에 가면 종업원이 5명 이상이라 중소기업이라고 한다.

기업의 형태가 주식회사나 유한회사일 때에는 그다지 큰 문제가 되지 않는다. 하지만 많은 사회적 기업은 사단법인이나 협동조합 형태다. 차츰 나아지고는 있지만 사단법인의 사업단이나 협동조합 형태의 기업은 우리에게도, 자금 조달 지원 기관에도 익숙하지 않은 조직 형태다. 그러다 보니 관련 규정에서 아예 빠져 있는 경우가 많다.

조직 특성상 내부 문제도 만만찮다. 1000만 원 정도의 자금 조달을 위해 사단법인은 이사들의 의결을 받아야 하고(때에 따라서는 회원총회가 필요한 경우도 있다) 협동조합은 조합원들의 동의가 필요하다. 동의란 게 그냥 '좋아요'라는 의견만 받는 게 아니다. 법적·

행정적 책임이 따르므로 회의록과 참여이사 또는 조합원들의 인감도장 날인이 필요하고 인감증명서도 첨부해야 한다. 한번 결정하고 움직이기에는 몸이 참 무겁다. 기업이 자본주의의 특징을 지닌 반면, 그 기업을 운영하는 주체들은 공동체의 특성을 띠고 있으니 두 시스템은 허구헌날 충돌한다.

한 가지 희망적인 것은 금융 등 각종 기관이 사회적 기업을 보는 시각과 이해도가 내가 처음 시작했던 5년 전보다 점점 좋아지고 있다는 점이다. 그리하여 ODS도 2016년에 처음으로 사회적 기업 특례보증제도를 통한 은행 대출을 받을 수 있었다.

미래 비전을 가지고 시스템을 구축하라

사회적 기업가 자신들의 불투명한 중장기 비전에 대한 고민은 듣는 순간 참 마음이 아팠다. 지금 내 문제이기도 하기 때문이다. 사회적 미션이나 종사자들의 비전을 책임지려다 보니 막상 자신의 미래는 기업의 미래와 동일시되는 경우가 많다. 사회적 기업은 모두 법인격을 띠고 있다. 이는 그 사회적 기업과 대표는 분명 다른 객체라는 의미이기도 한데 현실은 그렇지 않다. 사회적 기업가들은 자신의 급여를 책정하지 않는 경우가 많다. 봉사하는 마음으로 일하고 있다고 한다. 그런 분들 앞에 서면 많지도 않은 월급 꼬박꼬박 챙겨가는 내가 한없이 작아지기까지 하다

하지만 노력에 대한 객관적인 보상이 없이 소명만으로 일한다

면 개인의 미래 비전은 상당히 불투명할 수밖에 없다. 그런데 더 큰 문제는 그 불투명함이 개인을 넘어 해당 기업에도 미친다는 것이다. 소명으로만 일하던 대표가 어느 날, 어떤 사정으로 더 이상 일할 수 없다면 그 기업은 어떻게 될까?

계속 소명만으로 일할 수 있는 다른 누군가가 나타나거나 대표 없이도 기업이 유지되고 돌아가는 시스템이 만들어져 있어야 한다. 하지만 현실은 그렇지 않으니 답답할 노릇이다.

그런 의미에서 나와 ODS가 하루 빨리 만들어야 할 것이 바로 시스템이다. 장사와 사업의 차이는 시스템의 유무에 있다고 한다. 기업과 대표와 종사자 셋 모두를 위한 시스템을 만드는 노력은 사업계획서를 쓰는 순간부터 이루어져야 한다.

사회적 기업을 창업하기 전에 충분한 탐색과 고민이 있어야 함에도 사회적 기업의 아름다운 면들만 강조하는 육성 과정이 많다. 하지만 현실은 달콤하지 않다. 쓰디쓰고 시다. 얼마나 쓴지, 신지 어느 누구도 속 시원히 말해주지 않는다. 스스로 몸으로 부딪히며 실수를 반복하며 현실을 깨달아야만 한다. 내가 이 책에 적나라한 현실을 고스란히 담고자 하는 이유가 바로 여기 있다. 이 책에서 소개하는, 사회적 기업가로서 만나게 될 어려움을 잘 새겨듣고 미리 예측하고 상상해보자. 그런데도 불구하고 사회적 기업을 꼭 해야겠다면 그때 선택해도 늦지 않다.

3 알아야 할 것, 지켜야 할 것

끓는점을 향하여

무언가를 완성하거나 이룬다는 것은 보여지는 결과 이상의 수많은 과정을 거쳐야 하고 희생을 담보한다.

1990년 대학 새내기 시절 《철학의 기초》라는 책을 선배에게 선물로 받고 무심코 펼쳤다가 한번에 읽어 내려간 적이 있었다. 매우 흥미롭고 새로운 시각들이 담겨 있는 책이었다. 선배는 그 책이 사회과학 서적의 기본 중의 기본이라고 했다.

몇몇 대목이 지금도 기억 난다. 편협한 시각과 편견을 꼬집은 '장님 코끼리 만지기', 운동에 대한 정의와, 끊임없는 운동이 주는 변화를 '주전자에 담긴 물의 끓는점'에 비유한 부분이었다

수천자에 담긴 물의 끓는점'에 대한 이야기는 위에서 말한 "무

언가를 완성하거나 이룬다는 것은 보여지는 결과 이상의 수많은 과정을 거쳐야 하고 희생을 담보하기도 한다"라는 대목과 일맥상 통한다. 물이 담긴 주전자의 뚜껑이 들썩거리고 물을 따르는 입구 에서 증기가 새어 나오기까지 눈에 띄지도 않고 변화가 감지되지 도 않지만, 주전자 안에서는 끓임없이 열에너지가 움직여야만 물 이 '끓는점'에 이른다는 과학의 섭리는 우리가 삶 속에서 변화를 이루어내기 위한 운동 원리와 다를 바 없다.

그런 의미에서 사회적 기업을 창업한다는 것은 운동에 뛰어드 는 것이다. 그리고 아주 오랜 시간, 물이 끓지 않는 시간을 버텨야 한다.

'왜' 사회적 기업을 창업했는가?

보통 사회적 기업을 창업하기 위해서는 해결하고 싶거나, 해 결해야 하는 수많은 사회문제들을 인식해야 하고, 그 많은 문제들 중에서 나의 재능과 공감이 일치하는 사회문제를 만나야 한다. 그 다음 어떤 방법으로 문제를 해결할 것인지 결정해야 한다. 이 단 계에서 흔히 빠지기 쉬운 함정은 나름의 방법을 찾아 사회적 기업 을 '창업하는 게 목적'이 되어버리는 것이다. 보통 사회적 기업가 육성 과정이나 사회적 기업 아카데미에서는 작은 아이템이라도 있다면 창업을 권한다. 그래서 절차를 배워가며 창업에 몰두한다. 그 순간 내가 이루고자 하는 것은 '창업'이 되어버린다.

창업을 한다고 다 사회적 기업이 되는 것은 아니다. 그래서 요건을 갖추어 예비 사회적 기업이 되기 위해 부단히 노력한다. 조금이라도 매출을 올리기 위해 번거로움도 마다 않고 물불 가리지 않고 달린다. 그리고 재정적으로 여유가 없지만 요건을 갖추기 위해 직원을 고용한다. 어렵게 기본 요건을 갖추어 예비 사회적 기업 지정 지원서를 제출한다. 그 순간 목표는 '예비 사회적 기업으로 지정받는 것'이다.

그런데 막상 예비 사회적 기업으로 지정을 받고 나니 이번에는 '예비'라는 딱지를 떼고 사회적 기업으로 인증을 받으라고 한다. 솔직히 예비 사회적 기업이 되어도 누가 알아주지도 않고 모든 지원 사업은 인증 사회적 기업 중심으로 돌아가는 것 같아 속상한 게 사실이다. 더 열심히 해서 인증 사회적 기업이 되어야겠다 마음 먹는다. 이때 목표는 다시 '인증 사회적 기업이 되는 것'이다. 정말 열심히 해서 모든 요건을 갖추어 인증 사회적 기업이 되었다.

그렇다면 그 다음은……?

그런데 그 다음은 없다.

'성공한 사회적 기업'이란?

사회적 문제를 해결하며 수익을 창출하겠다고 마음 먹은 순간부터 지금까지의 모든 것은 무언가를 이루어온 것이 아니라 그저 법적·행정적 단계를 밟아온 것이다. 그 단계를 밟아오는 과정에서 정말 중요한 것을 놓치고 있었다. 어떤 문제를 해결하는 사회적 기업을 창업하는 것이 목표가 아니라 그 문제를 해결하는 것이 목표란 걸 말이다.

솔직히 내가 그랬다. 세스넷에서 다문화 사회적 기업 육성 과정에 참여하며, 첫 번째 목표는 법인으로 창업하는 것이었고, 두 번째 목표는 예비 사회적 기업으로 지정받는 것이었고, 최종 목표는 사회적 기업으로 인증받는 것이었다. 각 단계의 목표를 이루기 위해 부단히 노력했고 열정을 쏟아 부어서 마침내 사회적 기업으로 인증받았다. 하지만 그 후로 아이러니하게도 한참을 멍하게 수동적으로 움직였다. 마치 인류가 삶의 편리를 위해 만든 돈이 삶의 목표가 되어버린 것처럼, 그래서 돈을 벌고 나니 더 많이 벌고 싶어지는 욕망처럼 나 역시 흐릿하지만 다음 목표를 갈망한 것 같다.

그러나 굳이 단계로 따진다면 인증 사회적 기업 다음으로 정의된 단계는 없었다. 인증 사회적 기업 다음은 '성공한 사회적 기업'이라고 말하는 사람들이 있다. 나 역시 그 말을 들었을 때는 다음 목표가 생긴 듯해서 기뻤다. 그러나 금방 다시 무기력해졌다.

'성공한 사회적 기업'이란 무엇인가? 정의가 너무 모호했다. 매출이 높고 많은 직원을 고용하면 성공한 사회적 기업일까?

그때는 원인을 몰랐다. 2014년에 마케팅 교육을 받으며 목표를 잘못 인식하고 있음을 깨닫고, 초기 목표와 방향을 다시 찾으며 활기를 찾았다.

나와 비슷한 과정과 고민들을 겪고 극복하며 지금도 극복 중인 사회적 기업가들 그리고 담당 공무원에게 물었다.

"사회적 기업이 목표한 바를 이루기 위해 알아야 할 것과 지켜야 할 것이 무엇일까요?"

그들은 이렇게 답했다.

답변자	목표한 바를 이루기 위해 알아야 할 것
창업 육성 전문 기관 '르호봇' 이미경 상무이사	"사회적 목적, 가치, 서비스에 관한 이론적 정의와 자신이 정리한 내용의 진정한 차이에 대한 이해"
사회적 기업 '공감시즈' 허영철 부대표	"4차 혁명 시대에 인간의 소중함을 통해 사회적 가치를 실현하고자 하는 혜안과 열정"
지자체 담당 공무원	"행정과 회계"

답변자	목표한 바를 이루기 위해 알아야 할 것
창업 육성 전문 기관 '르호봇' 이미경 상무이사	"지금 하는 일의 끝을 이해하고 세운 최초의 각오"
대구 사회적 기업 협의회 강현구 협회장	"건강"
사회적 기업 '청소하는 마을' 정석규 실장	"사회적 가치와 기업의 가치의 갈등 사이에서 균형"
지자체 담당 공무원	"행정과 회계"

창업 9년차, 사회적 기업 5년차 기업가로서 한 인간 공감되고 인정할 수밖에 없는 답변들이다. 그 중에서 '이루기 위해 지켜야

할 것'이라는 질문에 대한 창업 육성 전문 기관 '르호봇' 이미경 상무이사의 답변은 뜨끔하면서 가슴이 뭉클해졌다.

"지금 하는 일의 끝을 이해하고 세운 최초의 각오"

내가 ODS에서 이루고자 하는 것에 끝이 있을까? 모든 사회적 기업가가 이루려는 일들에 끝이 있을까? 답은 명확하다. 끝없이 고민하고 끝없이 아주 조금씩 세상의 변화에 기여해야 하고, 변화하는 세상이 주는 또 다른 고민거리들을 기꺼이 맞이해야 한다.

그러므로 최초의 각오는 끝이 없음을 이해하고 세우기 바란다.

행정과 회계 _ 기본이자 필수

그리고 질문과 답변의 마지막 부분, 다소 실소를 자아내는 지자체 공무원의 답변 "행정과 회계"는 우리가 이루고 지키고자 하는 것을 담는 그릇이다. 우리를 힘들게 하기 위해 만든 제도가 아니다. 익숙해져야 하고 지켜야 하는 규칙이다. 행정과 회계에서 불편하고 어려운 점은 계속 건의하고 제안해서 다듬어가야 한다. 그정도쯤이야 사회적 기업이 이루고 지키고자 하는 것보다 쉽다.

6장 _____

지원제도

네 가지 질문

1. 정책자금이나 지원금 한 푼 없이
   성장할 수 있는 기업은 얼마나 될까?
2. 정책자금이나 지원금이 있어야만
   생존할 수 있는 기업은 얼마나 될까?
3. 성장을 위해 지원제도를 이용할
   것인가?
4. 생존을 위해 지원제도를 이용할
   것인가?

1 마약 같은 지원금, 단비 같은 지원제도

"지원금 많이 받죠?"

"얼마나 받아요?"

사회적 기업이 되니 주변에서 참 많이도 묻는다.

실제로 사회적 기업은 국가나 지자체로부터 재정 지원, 경영 지원, 세제 혜택 등 다양한 지원을 받고 있는데 아래 표로 간략히 정리해보았다. 더 자세한 사항들은 한국사회적기업진흥원 홈페이지www.socialenterprise.or.kr에서 확인할 수 있다.

재정 지원	1. 사회적 기업 설립 또는 운영에 필요한 부지 구입비, 시설비 등을 　 지원·융자하거나 국가·공유 재산 물품을 대부하거나 사용 가능
	2. 예산 범위 내에서 공개 모집 및 심사에 의해 사회적 기업 운영에 필요한 　 인건비, 운영 경비, 자문 비용 등의 재정적인 지원 가능
경영 지원	1. 고용노동부 장관은 사회적 기업 설립과 운영에 필요한 경영, 기술, 　 세무, 노무, 회계 등의 분야에 대한 전문적이 자문 및 저나 제공
	2. 사회적 기업 설립, 운영에 필요한 전문인력의 육성, 사회적 기업 　 근로자의 능력 향상을 위해 교육 훈련 실시 가능
	3. 공공 기관의 장은 사회적 기업이 생산하는 재화나 서비스의 우선 구매 노력

세제 혜택	1. 국세 및 지방세 감면 가능
	2. 고용보험료 및 산업재해 보상보험료, 보험료 및 국민연금 보험료의 일부를 지원

사회적 기업도 기업이다

위 지원 내용 중 현실적으로 가장 매력적인 것은 아무래도 재정 지원이다. 나 역시 만약 위의 지원이 없어도 사회적 기업이 되었겠냐고 자문하면 솔직히 모르겠다. 사회적 기업가들 중에는 사회적 기업의 사회적·도덕적 가치를 유독 강조하고, 호혜성과 개방성과 연대성을 힘주어 주창하기도 한다. 틀린 말은 아니다. 충분히 동의한다. 하지만 절대 간과하지 말아야 할 것이 있는데, 사회적 기업의 본질이 이중적이라는 사실이다. 그중 하나는 사회적 기업도 분명히 기업이라는 점이다. 기업 활동에서도 분명 호혜성과 개방성과 연대성은 중요하다.

하지만 현재 한국의 사회 구조 안에서 기업으로 살아남기 위해서는 소비자를 설득하고, 경쟁력을 가지기 위한 독창성과 지식재산권의 보호와 보안도 중요하다. 사회적 기업은 지원금으로 활동하는 단체가 아니라 스스로 매출을 만들어 수익을 내야 하는 기업이기 때문이다. 호혜와 개방과 연대가 더 중요하니 아이디어와 콘텐츠를 모두 개방하고 공유하는 것이 사회적 기업의 본질이라 생각한다면 차라리 비영리 단체로 활동하는 게 낫다.

출발선이 다르다

그러므로 사회적 기업을 운영할 때는 영리 활동과 비영리 활동 간의 균형이 무척이나 중요하다. ODS는 사회적 기업이 되어 인건비와 사업개발비, 전문인력 활용 재정 지원도 받았고, 회계와 노무 관련 컨설팅, 리더십과 소통, 관련 분야에 대한 역량 강화 교육 및 컨설팅 등의 경영 지원도 받았고, 4대 보험료 일부 지원과 법인세 할인, 분야에 따른 부가세 면제 혜택을 모두 누렸다. 솔직히 말해 그런 지원들이 없었다면 과연 현재의 역량을 갖출 수 있었을지도 의문이다.

이런 지원제도들은 사회적 경제의 테두리 밖에서 보면 참 부러운 지원제도이고 특혜처럼 여겨지기도 하고, 저런 지원을 받고도 폐업한다면 역량을 의심해야 한다고 생각하는 사람들이 많다. 사회적 기업을 창업하기 전 나도 그랬다. 하지만 사회적 기업가가 되고 나서야 그 이유를 알았다. 그리고 그러한 제도들이 사회적 기업에만 존재하는 것은 아니라는 사실도 알았다.

사회적 기업은 일반 영리 기업들과 출발선이 다르다. 일반 기업은 초기 자본 외에 창출된 이윤만큼만 움직여도 된다. 추가 노동력이 필요할 때 고용하면 되고 이윤이 줄어들면 인력을 줄이는 것도 비교적 자유롭다. 그것이 이윤을 추구하는 기업의 특징과 본질 중 하나라고 일반적으로 인정하므로 큰 저항이 없다. 하지만 사회석 기업은 대부분 아직 창출되지 않은 노동 가치를 담보로 지원을 받아 초과 고용으로 시작하므로 출발부터 불리한 조건으로 출발한다. 이 때문에 위와 같은 지원제도가 있는 것이다.

궁극적 가치로 돌아가라

내가 처음 사회적 기업인이 되었을 때는 초과 고용으로 시작하는 것이 당연했다. 아니 당연한 것처럼 여겨졌다. 처음부터 정부의 사회적 기업 육성 정책은 취약계층의 일자리 창출에 있었기 때문이다. 하지만 요즘은 단지 일자리 창출을 위한 돌파구보다는 '사회문제 해결'이라는 가치에 점점 집중하는 경향이다. 그리고 꼭 사회적 기업이 아니라도 사회문제를 해결하는 방법을 비즈니스 모델로 삼은 소셜벤처 기업이나 마을 공동체 문제를 해결하는 마을 기업, 세계적인 공유경제의 대표 모델 EoC* 기업 등, 제도적 의무나 규약을 사회적 기업보다 상대적으로 덜 받으며 사회적 가치를 중요시하는 다양한 형태의 기업이 많이 생기고 있다. 과열이라 할 만큼 많이 생기는 협동조합들의 기본 정신과 원칙에도 민주적 의사 결정과 지역사회 공헌이 들어 있어, 점점 기업의 도덕성을 강조하는 추세임을 알 수 있다.

이 다양한 기업 모델들 중 유독 사회적 기업에 많은 재정 지원이 있음을 알 수 있다. 많은 지지를 받으며 동시에 재정적·제도적 지원을 받는다는 것은 그만큼 또는 그 이상의 책임을 담보하고 있다는 의미다. 이 점을 간과해서는 안 된다. 내 경험상 제도적으로 마련된 재정 지원은 받을 때는 참 달콤하다. 하지만 재정 지원 제도에는 아직 많은 결함이 있다. 사회적 기업을 유지하고 발전시켜 나가는 데는 인건비 지원만 절대적인 게 아니다.

하지만 앞서 여러 번 언급했듯이, 한국의 사회적 기업은 자발적으로 생긴 것이 아니라 일자리 창출을 위해 정부가 유럽과 미국의 사회적 기업을 모델로 삼아 정부 주도의 한국형 사회적 기업을 만들어낸 것이다. 그러다 보니 자연스럽게 재정 지원제도 중 가장 큰 부분이 인건비 지원제도가 되었다. 물론 기업의 활동이나 유지에서 인건비는 상당한 부담이 되므로 인건비 지원제도는 분명히 필요하다.

재정 지원이 모든 것을 해결할까?

그런데 그 많은 사회적 기업들이 그런 재정 지원을 받고도 왜 질적으로나 양적으로 무럭무럭 성장하지 못할까? 심지어 일부 수

---

* Economy of Communion 모두를 위한 경제 EoC는 가톨릭 영성 운동인 포콜라레운 동Focolare Movement 의 창설자인 이탈리아의 키아라 루빅Chiara Lubich 여사가 1991년 출범시킨 새로운 경제 모델이다. 정상적인 한 기업이 적법한 절차를 거쳐 이윤을 창출한 후, 이 이윤을 회사를 위해 재투자할 뿐만 아니라, 구체적으로 빈곤 지역의 가난한 이들을 돕는 데 사용한다. 또한 경제적인 나눔과 친교의 공동체가 태어나도록 하고, '주는 문화The culture of giving', '사랑의 문화'가 확산되도록 하는 교육 사업에 이윤의 일부를 내어준다. 독지가들의 자선사업과는 달리, EoC 기업에서는 가난한 이들이 단지 수혜자가 아니라, 동등한 주역으로 자신의 존엄성을 기기기기기 기고기
낭낭세에 등농석으로 참여한다.

– 출처: http://www.eoc-rg.com/12 [EoC 독서모임]

치에서는 후퇴하는 경우도 있다. 예를 들어 ODS가 처음 예비 사회적 기업으로 지정되었을 때 대구의 사회적 기업 수는 예비 사회적 기업을 포함해 110개 정도였는데 이 글을 쓰고 있는 현재는 101개이며, 잠정적 폐업 상태인 곳을 제한다면 100개가 되지 않는다. 이는 기업을 유지하고 발전시키는 데 재정 지원이 그다지 결정적이지 않다는 의미이기도 하다. 그러므로 사회적 기업이 되고자 한다면 달콤하지만 마약처럼 자생력을 파괴할 수도 있는 재정 지원에 목 맬 것이 아니라 기업과 구성원의 역량을 강화하는 일에 더 많이 집중해야 한다.

지원 사업 중에는 '전문인력 지원'이라는 제도가 있는데 이는 (예비) 사회적 기업이 경영역량 강화를 위해 전문인력을 채용하는 경우, 심사를 해서 사회적 기업은 기업당 2명까지 최대 3년간, 예비 사회적 기업은 기업 당 1명까지 최대 2년간 전문인력 인건비 일부를 지원해주는 제도다. 전문인력이란 다음 표의 조건 중 하나에 해당하는 자를 말한다.

전문 분야	① 경영(기획, 인사·노무, 경영 및 진단 등) ② 회계(세무, 감정 평가 등) ③ 마케팅(광고, 홍보, 상품 기획, 행사 기획, 무역, 영업 등) ④ 능력 개발(교육 훈련 등) ⑤ 법률(법무, 지적 재산권 등) ⑥ 제품·기술 개발, 생산 관리 및 기술 지도 ⑦ 문화·예술·디자인·영상·방송(작가, 출판, 창작, 공연, 영화, 연극 등) ⑧ 정보통신(컴퓨터 하드웨어, 소프트웨어·웹 정보 시스템 등) 　*한국고용직업분류를 기준	
경력 요건	① 경영, 회계, 마케팅, 능력 개발, 법률, 제품·기술 개발, 생산 관리 및 기술 지도 등 기업 경영에 필요한 특정 분야의 업무에 3년 이상 종사한 자 ② 문화·예술·디자인·영상· 방송 관련 및 정보통신 분야는 2년 이상 종사자 ③ 위 제1항 및 제2항의 전문인력 범위에 포함되지 않는 다른 분야의 전문인력(해당 분야 3년 이상 종사자에 한함)의 채용이 필요하다는 권역별 지원 기관의 의견 제시가 있는 경우, 심사하여 지원 가능	가. 채용일 이전 10년 이내에 증권 거래소 상장기업, 코스닥 등록 기업 또는 상시 근로자 100명 이상의 기업에서 경영, 회계, 마케팅, 능력 개발, 법률 분야 업무에 5년 이상 종사한 자 나. 채용일 이전 10년 이내에 증권거래소 상장기업, 코스닥 등록 기업 또는 상시 근로자 100명 이상의 기업에서 제품· 기술 개발, 생산 관리 및 기술 지도 업무에 5년 이상 종사한 자 다. 문화·예술·디자인·영상·방송 관련 및 정보통신 분야에 5년 이상 종사한 자 라. 위 '가~다'의 범위에 포함되지 않는 다른 분야의 전문인력(해당 분야 5년 이상 종사자에 한함)의 채용이 필요하다는 권역별 지원기관의 의견 제시가 있는 경우 심사하여 지원 가능 마. 채용일 이전 10년 이내에 「고등교육법」 제2조 제1호부터 제6호까지의 규정에 따른 학교에서 관련 분야 전임강사 이상으로 3년 이상 재직한 자 바. 채용일 이전 10년 이내에 국공립 연구기관, 공공 연구기관 또는 기업부설 연구소의 연구원으로서 3년 이상 재직한 사람과 책임연구원급 이상 연구자

자격 요건	기사·산업기사·기능사 자격증 혹은 개별법상 국가 자격증을 소지하고 해당 분야에서 2년 이상 근무한 자	가. 「변호사법」에 따른 변호사, 「변리사법」에 따른 변리사, 「세무사법」에 따른 세무사, 「관세사법」에 따른 관세사, 「공인노무사법」에 따른 공인노무사, 「공인회계사법」에 따른 공인회계사, 「중소기업진흥에 관한 법률」에 따른 경영지도사 및 기술지도사, 「자유무역협정의 이행을 위한 관세법의 특례에 관한 법률 시행규칙」에 따른 원산지 관리를 전담하는 원산지 관리사
		나. 「국가기술자격법」 제9조에 따른 기술사 및 기능장, 「숙련기술장려법」 제21조에 따른 국제기능올림픽대회 입상자, 「숙련기술장려법」 제11조에 따라 고용노동부 장관이 선정하는 대한민국 명장 및 같은 법 제13조, 시행령 제9조에 따라 고용노동부 장관이 선정하는 숙련기술 전수자, 우수 숙련기술자
학력 요건	각 전문 분야 석사학위 소지자	각 전문 분야 박사학위 소지자 (수료자를 포함함)

출처: 한국사회적기업진흥원

전문인력의 현명한 활용

ODS에서는 첫 번째 전문인력으로 웹디자이너를 고용했는데, 함께 일하는 1년간 매우 곤혹스러웠다. 채용된 당사자가 자신에게 급여를 주는 곳은 정부지 ODS라고 생각하지 않았기 때문이었다. 그는 다른 직원들과도 잘 지내지 못했고, 계약된 1년간 교재 표지 디자인 5개와 안내지 디자인 6개, 디자인 수정 몇 개 정도의 성과만 남겼다. 자부담으로 외부에 일을 맡겼다면 훨씬 많은 수량에 디자인 품질도 높았을 것이다. 나중에야 선배 사회적 기업가에게 들은 바에 따르면, 전문인력 제도는 기업 운영 초기인 예비 사회적 기업 때보다는 인증 후 2~3년 정도에 활용하는 것이 효율적이라고 한다. 기업 내부 구성원들의 역할이 자리 잡히고, 대표의 내공도 어느 정도 성장한 후에야 전문인력 제도를 제대로 활용할 수 있다는 조언이었다. 그로부터 2년이 지난 후, 현재 ODS는 2명의 전문인력을 활용하고 있고 지극히 만족할 만한 성과를 내고 있다.

결국 전문인력 지원제도의 활용은 시기와 적용 분야가 정말 중요하다는 것을 한 번의 실패를 겪고 선배의 조언을 받은 후에야 깨달았다.

사업개발비 지원제도

사업개발비 지원제도에 대해서는 매우 만족스럽다. 물론 원하는 곳에 다 사용할 수 없는데다 자부담도 사업 연수에 따라 10~30퍼센트(부가세 별도) 이상을 부담해야 한다. 하지만 사업이란 걸 하려면 기본 투자가 되어야 하는 게 당연한데 거기에다 사업개발비라는 단비 같은 재정 지원까지 있으니 제대로 사용할 경우 당연히 높은 성과를 낼 수 있다. 사업개발비 지원제도를 적극 활용하기를 권한다.

지원과 혜택의 올바른 활용

세제 혜택은 4대 보험료를 일부 지원받는 경우가 가장 많은데,

적은 금액 같지만 매달 누적 비용을 환산해보면 제법 큰돈이다. 여기서 한 가지 주의할 것이 있는데, 고용노동부에서 지원하는 세제 혜택과 종업원 10인 이하 사업장에 사업주가 부담해야 하는 4대 보험료를 지원해주는 '두루누리' 제도를 동시에 이용할 수 없다는 점이다. ODS에서는 사회적 기업이 되기 전부터 두루누리 제도를 이용하여 세제 혜택을 받고 있었는데 사회적 기업이 되면서 2년 동안 2중으로 지원받고는 다시 2년 동안 환급하느라 혼쭐이 난 적이 있다.

무엇보다 가장 고마운 혜택은 사회 변화를 위해 다양한 경로로 활동하는 많은 사회적 기업가와 연구자, 단체들과 네트워킹과 교류를 활발히 할 수 있었다는 점이다. 함께 고민하고 학습할 수 있는 기회, 일반 기업이나 단체는 참여하기 힘든 각종 행사에 초대되어 활동하며, 언론매체를 활용하여 기업을 알릴 수 있는 기회를 얻는 것도 정부 지원제도 덕분에 누릴 수 있는 적지 않은 혜택이다.

공식적인 네트워킹 활동을 지원하는 지역별 대표 기관

구군별 협의회

광역시나 도에는 소속된 구군 단위의 네트워크나 발전된 형태의 협의회가 있다.

업종별 네트워크 또는 협의회

몇몇 사회적 경제 조직들은 기존 시장의 협의회와는 다른 먹거리, 교육, 카페 등 업종별 네트워크 결성을 시도하고 있고, 일부는 발전하여 협동조합으로 재결성되기도 한다.

광역시도별 협의회

국내에는 사회기업, 마을기업, 협동조합의 대표 협의회가 있으며, 산하 지역별 협의회가 구성되어 각 조직의 네트워킹 활동과 발전을 위한 활동을 지원하고 있다.

이와 같은 지원제도는 분명히 많은 힘이 되고, 도움이 되고, 동기도 부여해준다. 하지만 결국 사회적 기업을 유지하고 발전시키는 것은 다름 아닌 대표와 구성원의 의지이고 노력이다. 지원제도는 사회적 기업을 쉽게 시작할 수 있게 만드는 어쩌면 '마약' 같은 것일 수도 있다. 당장 눈앞에 보이는 달콤한 지원제도에만 목매지 말고, 이것을 단비처럼 제대로 활용할 수 있는 안목부터 기르는 것이 무엇보다 중요함을, 내 쓴 경험을 토대로 다시 한 번 강조한다.

2 민간 지원제도를 적극 활용하라

지원은 받아야 하는데 행정적으로도 덜 복잡하고, 정부 지원금보다 마음 편하게 받을 수 있는 지원 경로가 있다. 바로 기업이나 비영리 단체 등 민간 조직들의 지원이다. ODS도 이 지원을 받기 위해 많은 프로그램에 지원했다. 여러 번 탈락도 했지만 지원도 여러 번 받는 행운을 누렸다.

두 번의 행운

첫 번째 참여했던 민간 지원 공모 프로그램은 국민대학교 디자인 대학원에서 기업의 로고나 CI, BI를 디자인해주는 사업이었다. 국민대학교 대학원 디자인 랩에서는 매해 선한 영향력을 미친다고 판단되는 기업 중 5개 기업을 선발하여 그 기업에서 필요한 로고나 CI, BI 등 디자인을 지원해주고 있다. 처음 기업을 만들 때 하는 일 중 하나가 기업의 이름을 정하고, 로고나 CI를 만들어

명함을 제작하는 일이다. 이때 정해진 이름은 기업이 존재하는 한 함께하고, 변한다 하더라도 기업의 역사가 된다. 더구나 기업의 첫 번째 시각적 이미지를 좌우하기에 로고와 CI 디자인 작업은 매우 중요하다. 그래서 많은 기업이 막대한 비용을 지불하며 기업의 이미지를 대표하는 로고와 CI에 큰 공을 들이는 것이다.

그런데 소자본으로 출발한 작은 기업이 당장의 생산성이나 매출을 보장하지 않는 기업의 이미지를 만드는 데 큰돈과 시간을 들이기는 쉽지 않다. 초기 ODS도 마찬가지 상황이었는데 그때 힘이 되어준 것이 바로 이 디자인 지원 사업이었다. 디자인을 전공한 대학원생들과 지도교수가 조를 이루어 기업 대표와 만나고, 방문하고, 의논하며 담당 기업의 가치와 정체성을 파악하고 여러 개의 시안을 만들어 제안한다. 기업이 마음에 드는 초기 시안을 선택하면 다시 부족한 부분을 채워가며 디자인을 완성한다.

완성된 디자인들의 수준은 기대 이상이다. 이렇게 기업의 상징물이 탄생하면 기업은 디자인한 대학원생에게 20만 원 정도의 장학금을 준다. ODS는 교육회사니 교구와 교재에 활용될 캐릭터를 기업 로고와 함께 받았다. 디자인이 탄생하고 발전하여 완성되는 단계에서 나는 평면적 디자인에 어떻게 생명력이 부여되고 진화되는지 지켜보며 매우 즐겁고 놀라운 경험을 했었다. 그때 선물받은 CI와 캐릭터는 지금도 ODS와 함께 이야기를 만들어가고 있다.

누 번째 행운은 지역 내 대학 창업지원센터에서 지원하는 제품 개발을 위한 소액 지원 사업이었다. 디자인이나 디자인 등록을 지원하는 300만 원짜리 사업이었는데, 사업비를 지원받는 첫 번째 경험이어서 선정되던 날 케이크를 사서 자축했다. 그 사업을 통해 ODS의 첫 번째 교구인 북아트의 기초 디자인을 마련하고, 자체 개발한 다문화 캐릭터 디자인을 등록했다.

될 때까지 두드려라

이 후 지원한 민간 지원 프로그램은 수없이 많다. 그중 몇 가지를 아래 소개한다.

- 동그라미재단(구 안철수재단)의 로컬 챌린지 사업(역량 강화 교육 프로그램, 기업 맞춤형 지원 사업, 전문 컨설팅, 네트워크 활성화 지원 등)
- 효성그룹과 함께 일하는 재단이 지원하는 Go-WITH 사업(다문화 관련 기업의 사업비를 지원)
- KDB 나눔재단과 YMCA 산하 사회적 기업 활성화 네트워크에서 지원하는 사회적 기업 고용 인프라 구축 지원 사업(일자리 창출 활성화를 위한 기업 맞춤형 사업비 지원)
- 비영리 IT 재단의 노트북과 IT 교육 지원 사업
- 한국문화정보원-공공 저작물 및 공공 데이타 활용 지원 사업(공공 저작물 활용 방법 컨설팅, 홍보 및 디자인 지원)

- 에너지관리공단의 탄소상쇄 지원 프로그램(조명 기구를 친환경 LED 등으로 교체해주는 사업) 등
- 한국수출입은행의 희망씨앗지원사업(다문화 관련 사회적 기업 지원)
- 정몽구재단의 H온드림(사회적 기업, 소셜벤처 지원 사업)
- SK 사회성과인센티브

처음이 어렵지 경험을 쌓고 요령이 생기자 공모 사업에는 평균 6개월마다 한 가지에 선정되었다. 물론 지원하는 모든 사업에 선정된 것은 아니다. SK재단의 지원 사업에는 세 번 지원하여 세 번 다 탈락했고, 아산재단의 지원 사업에는 두 번 지원 두 번 탈락, 함께 일하는 재단의 지원 사업에도 탈락, 대우증권의 사업에도, 삼성재단의 사업에도 여러 차례 탈락했다. 알고 보면 선정된 횟수보다 탈락한 횟수가 더 많았다.

이처럼 민간 지원 사업도 경쟁이 치열해서 끊임없이 노력하고 계속 재도전해야 결실을 얻을 수 있다. 이런 지원 사업에는 선정되면 더없이 좋겠지만 혹시 안 되더라도, 준비하는 과정에서 끊임없이 사업 방향을 살피고, 아이템을 점검하고, 현 상황을 파악하고, 미래 준비 작업을 하는 등 의외의 효과를 거둘 수 있다. 바쁘게 돌아가는 기업 활동 중에 자신을 찬찬히 점검해보는 시간을 갖기란 정말 힘들다. 그런 의미에서 다양한 민간 지원 공모 사업에 도전하

는 일은 사업비 지원과 자기 점검이라는 두 마리 토끼를 잡을 수 있는 소중한 기회다.

정보가 보석이다

그렇다면 이러한 다양한 지원 사업 정보는 어디서 어떻게 얻을까? 규모가 큰 사업은 대부분 지역별 지원 기관의 홈페이지에 공지하고, 중간지원 조직은 소속 기업에 메일로 정보를 주는 경우가 많다. 하지만 각 기업에 필요한 정보를 모두 주지는 못하므로 다양한 SNS에 가입해 활동하고, 특히 관심 있는 지원 사업이 있다면 해당 홈페이지를 즐겨찾기로 체크해두고 자주 방문해보는 부지런함을 떨어야 한다. 만약 올해 탈락했다면 다음해 비슷한 시기에 다시 공고가 나는 경우가 많으므로 부족한 부분을 다시 탐색하고 보충하여 다음해를 준비하면 된다. 공모 사업을 대하는 첫 번째 자세는 '미련함'이다. 다시 말해 선정될 때까지 미련할 정도로 끊임없이 도전하라는 말이다.

"아직 준비가 되지 않았으니 다음에 하자" 하고 자꾸 미루다 보면 허무하게 기회가 사라지는 경우도 있다. 보통 민간 기관의 지원 사업은 창업 후 만 3년 이내 기업에 한정되는 경우가 많기 때문인데 정부 지원 사업도 크게 다르지 않다. 청년기업을 지원하는 경우에는 사업주의 나이가 만 39세까지로 제한된다는 것도 알아야 한다.

건방지거나, 절실하지 않거나, 진지하지 않거나

지원 사업에 공모했다가 가장 속상할 때는 1차 서류심사에서 탈락했을 때가 아니다. 1차 서류심사에는 당당히 합격 후 2차나 3차 면접 또는 현장 실사에서 탈락했을 때다. 대부분 면접 심사는 지원 사업을 제안한 기업이나 협력 기관에서 이루어지는 경우가 많다. 지방에서 사업을 꾸리는 나는 면접에 참가하기 위해 서울까지 오가기를 수십 차례, 그럴 때마다 서울 경기 지역의 기업들이 마냥 부럽기도 했다. 왜 수많은 기업과 사람들이 서울에서 살아가는지 이해도 되었다. 하지만 지역을 지켜야 하는 당위성도 함께 다가왔다.

공모사업에서 1차에 합격을 했는데 2차에서 불합격하는 경우는 대부분 두 가지 경우에 해당하는 것 같다.

- 첫 번째 요인은 태도다. 건방지거나, 절실하지 않거나, 진지하지 않거나.
- 두 번째 요인은 사업성이다. 다른 지원 기업들 대비 미션이 약하거나, 역량이 의심스럽거나, 사업 목표가 명확하지 않거나.

내가 면접 심사에서 탈락한 경우는 대부분 첫 번째 이유 때문일 거라 추측한다. 2차에서 탈락 후 이유를 곰곰이 되짚어봤더니, 당시 선정되었던 다른 지원 사업에 비해 면접 태도가 산만했거나 오만했음을 깨달았다. 지원한 다른 기업들의 정보를 보며, '우리 아이템이라면 충분히 되겠다'라는 확신이나 기대감을 안고 면접에 참여한 경우 탈락이 많았다. 반면, 불확실성에 조금 두려워하며, 사업 수행 후 성과에 대한 확신을 겸손한 태도로 보여주었을 때는 합격했다.

각자가 가진 기운은 심사위원들에게 고스란히 전해진다. 지나친 자신감은 자만이며, 지나친 겸손은 가식이다. 무겁지 않은 진지함과 진심을 전달하기 위해 노력하는 태도가 면접 심사위원을 설득하는 최고의 무기다.

다양한 민간 기관과 기업들에 의한 사회적 기업 지원 사업은 앞으로 더 확대될 것이다. 사회적 기업이기에 다가온 기회를 감사하고, 겸손히 받아들이며, 7전 8기의 도전 정신으로 최선을 다해 참여해보기 바란다. 그러면 분명히 결실을 거둘 것이다.

사람 이야기

나는 1997년 9월에 결혼을 했고,
이듬해 4월 사표를 쓰고 첫 번째 사업을
시작했다. 신혼 9개월차 스물일곱 살
새댁이었다. IMF에도 아랑곳하지 않고
겁도 없이 시작한 사업은 1년을 겨우
버티고 업종 전환을 해야 했다.
그래도 처음 받은 사업자번호로 9년간
다양한 업종으로 전환해가며 버텼으니
나름 선방했다는 생각이다. 당시 이십대
여자 창업가는 드물었다. 어딜 가나
가장 어렸고, 몰랐고 어설펐다.
경험도 없이 그냥 하루하루를 버텼다.
그 과정에서 얻은 가장 큰 깨달음은
'사람이 전부다'라는 사실이다.

1 함께 갈 것인가? 멀리 갈 것인가?

기업의 기본 의무를 갖춰라

사회적 기업이 되기 위해 갖추어야 할 필수 요건은 3가지다. 사업 아이템과 소셜 미션, 그리고 사람이다. 예비 사회적 기업 지정을 위한 요건 중 하나가 사업을 수행하기 위한 최소 1인 이상의 직원을 고용해야 하고 직원은 4대 사회보험(산업재해보상보험, 건강보험, 연금보험, 고용보험)에 가입되어 있어야 한다. 그리고 2017년부터 의무화된 퇴직연금제도가 있다. 퇴직연금이란, 기존의 퇴직금 제도를 국민연금과 같은 연금형 방식으로 전환하는 것이다. 근로자들의 노후생활 안정이 목적으로, 사내에 쌓여 있는 퇴직금을 회사가 아닌 타 금융기관을 통해 적립 및 운영하여, 근로자가 퇴직 시 일시금 혹은 연금 형태로 지급하는 것을 말하는데 상시 근로자 300인 이상 기업을 시작으로 2020년까지 모든 기업이 차례로 가입해야 한다.

ODS의 경우 프리랜서 강사를 제외한 8명의 구성원 모두가 4대 사회보험과 퇴직연금에 가입되어 있는데, ODS의 월 부담금만 300만 원 가까이 된다. 큰 기업들이 보기엔 적은 금액이겠지만 나는 ODS가 정말 훌륭하다고 생각한다.

27세에 첫 번째 사업을 하며 깨달은 것 중 하나는 사업주 외에 1명이든 2명이든 직원을 고용하고, 유지하며, 법적 의무를 다한다는 것은 정말 어렵다는 사실이다. 그런데 지금은 나 외에 7명의 정규 직원을 고용하고, 법적 의무도 다하고 있으며, 그럭저럭 유지하고 있다. 가끔 나는 내 머리를 스스로 쓰다듬어준다. 잘하고 있다고, 계속 나아가라고 스스로를 격려하고 위로하는 의미다.

기업인이라면 누구나 다 감당하고 있는 일에 무슨 잘난 척이냐고 할지도 모르겠다. 하지만 생각보다 많은 기업이 4대 사회보험제도를 이행하지 않고, 또 부담을 피하기 위해 기간제나 단시간 근로의 고용 형태를 취하고 있다. 기간제나 단시간 근로도 주 15시간 이상일 경우 4대 사회보험이 의무화되어 있고, 12개월 이상 계약이나 근속을 할 경우에는 퇴직금도 지급되어야 한다. 그래서 많은 기업이 근로 시간을 주 15시간 미만으로 조정하고, 계약직의 경우 12개월 계약이 아니라 10~11개월 계약을 하는 경우가 많다. 나는 기업의 대표로서 그렇게 할 수밖에 없는 이유와 경우를 너무나 잘 알고 있고, 또한 나 역시 기업의 부담을 줄이기 위해 매 순간 고용 형태 조정의 유혹을 많이 느끼고 있다.

사람이 먼저다

하지만 아무리 힘들어도 4대 사회보험과 퇴직연금제도를 유지하는 이유는 바로 사람 때문이다. 사실 사회보험은 인간답게 살기 위한 최소한의 보장이며, 도구가 아닌 사람을 고용하는 기업임을 증명하는 기본 요소이기도 하다. 입장을 달리하여 나와 내 가족이 일하기를 원하는 기업을 생각해본다면 4대 사회보험 정도는 정말 최소한의 조건에 불과하지 않은가?

ODS는 2016년에야 퇴직연금제도에 가입했다. 기획재정부가 설명하는 퇴직연금 가입 의무화 도입 배경은 다음과 같다. 대다수의 기업이 도산할 경우 기존 퇴직금 제도는 임금 체불 위험이 크다. 특히 중소기업의 경우 퇴직연금 도입 비율이 낮아 매년 4~5천억 원의 퇴직금 체불 사례가 발생하고 있으며, 일시금으로 받음으로써 노후소득 보장 기능도 미흡하다. 이에 만연한 퇴직금 체불을 예방하고, 근로자의 노후생활을 보장하기 위해서다. 마치 우리 회사를 겨냥한 듯한 제도가 아닌가? 당연히 퇴직금은 적립되어야 하는데 ODS는 어려운 재정상 모이면 쓰고, 모이면 쓰고를 반복하다 2016년 초에 연금보험에 가입했다. 가입 후 ODS 구성원들의 마음은 훨씬 편해졌으리라 예상한다.

자율성과 효율 그리고 자긍심

ODS의 보장 제도는 비록 4대 사회보험과 국민연금이 전부지만, 구성원이 눈치 보지 않고 연차휴가와 반차, 조퇴, 외출 등의 제도를 이용할 수 있도록 하고 있다. 결정적으로 '칼퇴근'에 대한 약속은 어느 기업보다 확실하다. 대학 시절 수많은 아르바이트와 5년간의 직장생활을 하면서 하나 결심한 게 있다. 내가 나중에 사장이 되면 칼퇴근 보장과 탄력적 근무 형태, 법적 테두리 내에서의 자율적 휴가 활용 등을 꼭 실현하겠다는 것이었다.

나는 어릴 때부터 무엇이든 억지로 하면 잘하지 못했다. 특히 관심 없는 분야를 공부할 때 그랬고, 직장에 다닐 때는 자발성 없는 업무에서 유독 실수를 많이 했다. 물론 목표한 바를 달성하기 위해서는 하기 싫은 일도 참고 수행할 수 있는 능력은 매우 중요하다. 하지만 효율적인 측면에서 보면 자발적 선택에 의한 일이 더욱 성과가 있음은 확실하다. 그래서 ODS의 구성원 모두가 자율성이 주는 자긍심을 갖게 하고 싶었다. 특히 육아와 가사에서 자유롭지 못한 일하는 주부들에게는 함께 일하기 좋은 회사를 만들어주고 싶었다. 압박감이 강한 회사보다는 자율성이 보장된 기업의 구성원들이 느끼는 업무 자긍심과 효율은 말할 수 없이 클 거라 확신하기 때문이다.

함께 멀리 가기 위해
어느 기업에서는 기본적인 내용이고, 어느 기업과는 조금 다른 요건이 될 수도 있겠지만, 앞에서 말한 근무 조건은 ODS와 내가 현재 위치와 조건에서 선택한 최선이다. 그리고 ODS와 나의 최선의 선택 기준은 바로 '사람'이다. 자긍심을 가지지 못하고 생계와 경제만이 목적인 직장에서 바람직한 성장은 불가능하다고 생각하기 때문이다. 누군가를 구성원으로 또는 함께 일하고자 하는 동료, 직원으로 뽑기 전에 먼저 결정할 사항이 있다. 그것은 바로 "빨리 갈 것인가? 멀리 함께 갈 것인가?"다. 빨리 가기 위해서는 몸집이 가벼워야 한다. 최소 정예 인원으로 구성원 모두 멀티 플레이어가 되어 돌아보지 않고 목표를 향해 달려야 한다. 법적 노동시간은 중요한 요소가 아니다. 그리고 목표를 달성하고 나면 기업은 해체되어도 좋다.

반짝이는 아이디어로 특허를 출원하고, 비즈니스 모델을 만들어 투자회사로부터 투자를 받거나 매각해 수익을 남기는 게 목표인 기업들이 이에 해당한다. 누구도 이런 기업들을 비난할 이유도 명분도 없다. 당연하다. 목표가 달성되었으니까.

반면, 함께 멀리가기로 한 기업은 소수 정예든 다수든 중요하지 않다. 이런 기업들은 구성원들 간의 소통이 매우 중요하다. 구성원들의 미션이 창업자나 대표의 미션과 같거나 최소한 공감해야 한다. 그리고 기업의 대표나 임원은 사업과 구성원들의 배려 사이에서 균형을 잘 잡고 유지해야 한다.

멀리 오래 가기 위해서는 기업에 매출과 이윤이 발생해야 하므로 기업의 고유 업무와 발전을 위한 독려를 절대로 놓치면 안 된다. 그리고 함께 가기 위해서는 사람 중심으로 사고해야 한다. 칼퇴근과 자유로운 휴가와 근무 환경은 구성원들을 위한 배려가 아니다. 함께 가기 위한 기업의 선택이다. ODS는 더디 가더라도 함께 가고, 멀리 가는 방법을 선택했다. 그래서 창업 6년차가 된 ODS의 평균 근속 연수는 상근직, 비상근직 포함 5년이 넘는다.

사회적 기업가에게 "함께 갈 것인가?" 또는 "멀리 갈 것인가?" 라고 물으면 안 된다.

함께 멀리 가기 위해 만든 기업이 사회적 기업이기 때문이다.

2 채용 절차와 방법

사람이 온다는 건 실은 어마어마한 일이다.
그의 과거와 현재와 그의 미래가 오기 때문이다.
한 사람의 일생이 오기 때문이다.

- 정현종, 〈방문객〉 중에서

유급 근로자 채용 기준과 취약계층 고용 비율

ODS가 고용한 첫 번째 사람은 주강사이자 관리직이었다. 하지만 많은 기업에서는 회계를 담당할 직원을 맨 먼저 고용한다. 그리고 교육 서비스 기업의 경우에는 대표가 주강사로 교육 서비스 활동을 직접 하며, 기본 매출을 확보하고, 영역을 넓힌 다음 대표의 강의 활동을 나누어줄 부강사 겸 관리자를 고용하는 경우가 많다. ODS의 경우는 주강사 겸 다른 강사들을 관리할 관리자를 먼저 고용했다. 왜냐하면 ODS가 처음 출발할 때부터 내가 대표 강사도 아니었고, 강의를 하거나 교육 서비스 활동을 직접 수행하지 않았기 때문이다. 나의 교육 서비스 수행 능력이 그리 뛰어나지 못한 부분도 있지만, 가장 큰 이유는 처음부터 기획과 영업이라는 업무에 집중하기 위해서였다. 그리고 회계 전담 직원을 고용하기 전, 짧은 기간이었지만 회계와 노무 관련 업무도 직접 처리하며, 회사 경영 전반의 흐름도 파악하고, 분야별 업무도 익혔다.

그리고 두 번째로 고용한 사람은 ODS의 소셜 미션 수행의 주체가 될 결혼이주여성이었다. 그렇게 ODS는 유급 근로자 채용 기준과 취약계층 고용 비율이라는 중요한 요건을 지키며 사업을 시작했다.

유급 근로자 : 재화와 서비스의 생산, 판매 등 영업 활동을 수행하는 인력

정규직 근로자뿐 아니라 관련 사업을 수행하기 위해 고용된 비정규직
(일용직/상용직) 근로자, 파트타임 근로자 등이 해당됨. 하지만 유급 형태가
아닌 자원봉사자와 예비 사회적 기업 활동과 전혀 무관한 근로자는 제외됨.

예비 사회적 기업이 되기 위해 갖추어야 할 기본 요건 중 하나는 반드시 1인 이상의 유급 근로자가 있어야 하고, 그 근로자는 4대 보험에 가입되어 있어야 한다. 그리고 어떤 유형의 사회적 기업이 될 것인가에 따라 그 기준에 부합하는 취약계층 고용 비율이라는 요건을 갖추기 위해 노력한다. 그런데 일자리를 찾는 사람들은 널

렸는데 왜 쉽게 채용하지 못하고 노력까지 해야 할까.

이제 출발한 기업의 경우에는 1인의 자리가 워낙 큰데다 맡아야 하는 업무도 복합적이어서, 다양한 분야의 업무 능력이 우수한 인재를 채용할 계획이나 여력이 없기 때문이다. 더욱이 '사회적 기업 인증 유형에 따른 취약계층 고용 비율'을 지키기 위해 '취약계층의 기준'에 준하는 인재를 고용해야 하기 때문이다. 사회적 기업이 되기 어려운 이유와 유지하기는 더 어려운 이유가 바로 여기 있다.

사회적 기업 인증 유형에 따른 취약계층 고용 비율

일자리 창출형	취약계층에게 일자리를 제공하는 것이 주 목적 – 전체 근로자 중 취약계층의 고용 비율이 50퍼센트 이상
사회 서비스 제공형	취약계층에게 사회 서비스를 제공하는 것이 주 목적 – 전체 서비스 수혜자 중 사회 서비스를 제공받는 취약계층의 비율이 30퍼센트 이상
혼합형	취약계층에게 일자리 제공과 사회 서비스 제공이 혼합된 경우 – 전체 근로자 중 취약계층의 고용 비율과 사회 서비스를 제공받는 취약계층의 비율의 합이 30퍼센트 이상
기타형	사회적 목적의 실현 여부를 위해 표시된 취약계층 고용 비율과 사회 서비스 제공 비율 등으로 판단하기 곤란한 경우 – 심사해서 결정

취약계층의 기준

가구 월 평균 소득이 전국 가구 월 평균 소득이 60/100 이하인 사

※ 전국 가구 월평균 소득 기준 통계청 가계조사 참고

고령자고용촉진법 제2조 제1호에 따른 고령자(55세 이상인 자)
장애인고용촉진 및 직업재활법에 따른 장애인(중증 장애인 포함)
성매매 방지 및 피해보호 등에 관한 법률에 따른 성매매 피해자
장기 실업자(실업 기간이 6개월 이상인 자) 등
취업 상황 등을 고려하여 취약계층으로 인정한 자 (예 : 조손 가정, 다문화 가정, 외국인 근로자, 경력 단절 고학력 여성, 신용 불량자, 갱생보호 대상자, 노숙자, 탈북자 등)

함께 성장한다는 것

위 기준에 준하여 기업의 고유 활동을 할 수 있는 적임자를 찾기란 결코 쉽지 않다. 그래서 처음에는 고령자를 채용하려 했다가 적합한 사람을 찾지 못하면, 인증 요건을 맞추기 위해 사업 목표나 대상자에 없던 장애인을 채용하는 경우도 생긴다.

사업 운영의 결과는 사업을 수행하는 주체와 수행 능력에 따라 많이 달라지는데, 이런 경우 십중팔구 예상치 못한 어려움에 부딪힌다. 그러므로 시간이 다소 걸리더라도 초기 고용 기준과 목표를 충실히 지키는 일은 매우 중요하다. 정부에서 제시한 기준과 요건 말고, 사회적 기업으로서 스스로 정한 기준과 요건 말이다.

그러기 위해서 기업은 고용하고자 하는 취약계층의 상황을 충분히 이해해야 하며, 인연도 깊어야 한다. 그래야 고용 대상자에게 적합한 근무 조건과 환경을 갖출 수 있고, 요건에 해당하는 고용 대상자를 찾기도 쉽다.

　다문화 가정과 결혼이주여성들과의 인연도, 이해도, 연관된 기존 활동 경험이 없는 상황에서 법적 요건만을 갖추기 위해 결혼이주여성을 고용한다면 과연 그 기업의 고유 활동의 의미와 내용이 빛날 수 있을까?

　그리고 동시에 놓치지 말아야 할 중요한 사실이 있다. 그것은 기업의 생존 요건을 지켜줄 수 있는 업무 능력을 직원이 아직 갖추지 않았다면, 갖출 때까지 기회를 주어야 한다는 점이다. 그 직원이 성장할 때까지 기업이 생존하며 기다려줄 때, 우리의 이상 중하나인 '회사의 성장과 함께 성장할 수 있는 요건'이 갖추어진다.

한 사람의 인생이 오다

　앞에서 계속 이야기했듯이, 사회적 기업은 사람 중심의 기업이다. 사람 중심의 기업은 당장의 결과가 신통치 않다고 내치지 않는다. 다양한 위치와 기회를 주고, 성장할 때까지 기다려주어야 한다.

　ODS에서도 처음에는 결혼이주여성들이 교육 서비스를 수행할 때 수업계획서 작성, 교구 제작, 시범 수업 등을 함께 준비하고 도왔고, 현장까지 동행하며 피드백과 격려를 아끼지 않았다. 그렇게 1년 이상 진행되고 나자, 결혼이주여성들이 직접 교육을 기획하고 교구를 개발하며, 수업 모형 작성과 독립적인 현장 참여를 할 수 있게 되었다. 더 나아가 후배들을 지도할 수 있는 전문가로까지 성장했다. 그러자 회사도 여유가 생겨 더욱 다양한 사업을 진행할 수 있었고, 수익성도 좋아졌다. 함께 성장한다는 것이 바로 이런 것이 아닐까 싶다. 그래서 어마어마한 매출이 발생하는 것도 아니고, 회사의 외형이 아주 멋져지는 것도 아니며, 여전히 중견 기업에는 끼지 못하는 작은 기업이지만 우리는 직원들이 성장할 때까지 기다려주었고, 함께 성장해가는 모델로 자랑스럽게 큰소리칠 수 있다.

초기에는 직원을 고용하기 위해 고용노동부의 '워크넷' 사이트에 공고하고, 지인들에게 좋은 사람 소개해달라며 부탁하고 다녔지만, 이제는 많은 결혼이주여성들과 고학력 경력 단절 여성들과 기대를 넘는 능력자들이 함께 일하고 싶다고 한다. 무엇보다 자부심을 느끼는 것은 초기에 채용했던 직원들이 아직까지 함께 일하고 있다는 사실이다. 이러한 발전된 상황을 볼 때, 사회적 기업의 채용 방법과 절차에서 가장 중요한 요소는 다음과 같은 것이라고 다시 한번 확신한다.

"고용이란 방법이 아니고 목적이며, 직원은 소모품이 아니라 구성원이라는 것, 그리고 기업주와 기업은 고용을 위한 희생양이 아니라 동반성장의 주체임을 믿고 실천하는 것."

앞에서 소개한 시처럼, ODS에도 한 사람의 인생이 오는 어마어마한 일들이 많았다. 이 일들은 지금도 일어나고 있고, 앞으로도 ODS는 더 많은 인생을 만나는 것이 목표다.

3 인정해야 할 것들, 포기해야 할 것들

'내 머릿속의 지우개'

영화 제목이기도 한 '내 머릿속의 지우개'라는 말은 도 닦는 마음으로 일하자는 의미로 내가 농담 삼아 자주하는 우스갯소리지만 진심이 아예 없다고는 못 하겠다. 정보량이 워낙 많다 보니 잊어버리고, 망각하는 것들도 많다. 그런데 그 망각들 중에는 의도적으로 잊기 위해 노력하거나, 망각하고 싶어서 잊었다고 믿는 경우도 많다. 일단 나는 내가 포기한 것들은 바로 잊는 편이다. 그리고 포기해야 할 것들은 잊기 위해 노력한다.

아이러니하게도 나는 사람을 위한다는 사회적 기업을 운영하며 가장 먼저 포기해야 할 것은 '사람에 대한 기대'라고 생각한다. 사람을 믿지 말라는 이야기가 아니다. 함께 멀리 가기 위해 기다리고 또 기다리고 더 기다리라는 이야기다. 내가 이만큼 했는데 왜 변하지 않는지 조급해서는 안 된다. 내가 이렇게 해주었으니 사람들이 나의 진심을 곧 이해할 거라 서둘러 판단하지 말라는 것이다. 모든 경우와 상황에는 이유가 있는데 내가 그 이유를 다 꿰지 못한다는 한계를 인정하라는 뜻이다.

나와 시각이 다르고, 상황이 다르고, 환경이 다르므로, 같은 곳을 바라본다 해도 그 각도에는 분명 차이가 있다. 처음에는 같은 점에서 출발하지만 서로가 가진 다른 조건들은 시간이 흐를수록 간극을 키운다. 그래서 첫눈에 반해 만나지 못하면 죽을 것 같던 연인들에게도 위기가 오는 것이다. 부모와 가족들과도 생기는 간극이 기업과 사회에서야 오죽하겠는가?

가족의 이해는 나의 힘

일단 차이를 인정하는 데서 나 자신이 상처를 덜 받고, 상대는 배려받는다. 그래야 오래 가고, 멀리 간다. 즉 가장 먼저 포기해야 할 것은 배우자와 가족, 동료, 직원들이 나와 같은 마음일 거라는 기대다.

배우자는 내가 가정과 가족보다 사회와 기업을 위해 헌신하는 투사가 되는 걸 바라지는 않을 것이다. 내가 내 배우자에게 그러하듯.

아이들은 세상 무엇보다 소중한 것이 자기들이고 그것을 끊임없이 확인받고 싶어한다. 내가 가족들의 응원과 지지를 원하는 그 이상으로.

가족의 응원은 하고 있는 일을 지속하기 위한 정말 중요한 조건 중 하나다. 나의 경우 가끔 서로 더 보아달라고 투정도 부리고 충돌도 하지만, 이 일을 지속하는 가장 큰 이유 중 하나는 아이들이 자랑스러워하기 때문이다. 한때 관심을 가지고 공부했던 부동산 관련 사업을 했다면 큰돈 벌었을 거라는 남편의 투정에 난리가 난 건 당시 초등학생, 중학생이었던 아이들이었다.

"아빠! 어떻게 엄마가 하고 있는 일을 돈과 비교하는 거예요? 실망했어요."

예상치 못한 격렬한 항의에 남편은 바로 아이들에게 사과를 했다. 그리고 당당한 저항은 유효하다는 한 번의 경험은 아이들을 더 용감하게 만들었다. 남편은 아이들 앞에서는 내가 하고 있는 일에 대해 더 이상 거론하지 않았다. 그리고 시간이 흐를수록 가사의 여러 부분들을 감당해주기 시작했다. 남편은 삼대독자로, 2명의 누나와 1명의 여동생 가운데서 자랐으니 나를 만나기 전의 삶이 어떠했을지는 굳이 말하지 않아도 예상할 수 있다. 그런 남편이 지금은 나만큼이나 가사를 담당하고, 나보다 더 많은 시간을 아이들과 보내고 있다. 남편은 포기해야 할 것을 빨리 깨달은 듯하다. 남편은 가끔 나에게 "의미 있는 일을 하는 당신의 삶의 질은 아주 높겠어?" 하며 애교와 투정이 섞인 시비를 걸어오기도 한다. 그럴 때면 나는 잇몸 만개한 웃음을 보여주며 "나의 삶의 질은 곧 우리 가족 모두의 삶의 질"이라고 답한다.

동시에 가족들이 혹시라도 나의 무심함을 느끼지 않게 '대화'를 무기로 최선을 다한다. 다행히도 가족들은 나와 이야기 나누는 것을 아주 좋아하고 그 과정에서 많은 문제들을 해결해낸다.

그런데 돌아보면 가족들과 이러한 충돌과 이해를 반복하는 것은 구성원 모두의 생활 속에서도 일어난다. 구성원들도 각자 회사에서의 삶과 가정에서의 이상을 끊임없이 견주며, 충돌하고, 포기하며 살아간다. 결국 기업은 대표 혼자의 헌신으로는 절대로 만들어지지 않는다. 대표와 대표의 가족, 구성원과 구성원 가족들의 적당한 포기와 응원을 받고서야 성장한다.

그러므로 대표는 '내가 이만큼이나 하는데……'라는 자기보상 심리를 버려야 한다. 내가 이만큼 하는 게 아니라 내 가족과 회사 구성원, 그리고 그 구성원의 가족이 함께 해내고 있는 것임을 인정해야 한다.

부정적 피드백에 흔들리지 마라

그 다음, 모두에게 긍정적인 기업이 되는 것을 포기해야 한다. "무소의 뿔처럼 혼자서 가야" 할 때가 있다. 목표한 대로 달리고 있다고 판단한다면, 나와 우리 기업에 대한 부정적 피드백에 최대한 둔감해야 한다.

몇 해 전 부정적 피드백과 오해로 아주 속상한 적이 있었다. 딱 한 번 만났던 모 고위 공직자가 우리 기업이 강사들의 고혈을 짜며 성장하는 악덕기업이라는 말을 했다는 것이다. 당시 그 지자체는 우리에게 몇 가지 교육 프로그램 운영을 위탁하고 있었는데 그 지자체의 장이 그런 말을 했다니 기가 찰 노릇이었다. 마음 같아서는 당장 찾아가서 따지고 싶었지만 마음을 가라앉히고 원인을 생각해보았다. '이유가 무엇일까? 내가 뭔가 잘못하고 있는 걸까? 누가 우릴 모함하나? 원인 없는 험담이 가능한가? 대책은 어떻게 세워야 하나?'

며칠을 고민 끝에 소속 강사들에게 공개적으로 물었다. 이 문제에 대해 솔직한 생각을 얘기해달라고. 여러 가능성에 대한 논의가 있었지만, 우리는 현재 최선을 다해 정당하고 정의롭게 일하고 있는 것으로 결론을 내렸다. "구청장이라는 공적인 자리에서 이유를 밝히지도 않고, 사실 확인도 없이 그런 발언을 했다면 우리의 문제가 아니라 그 사람의 문제일 것이다. 정당하고 올바른 문제 해결법을 모르는 공직자다" 우리는 이렇게 결론을 내렸다. 그리고 원인도 없고 납득이 가지 않는 부정적 피드백에 대해서는 응대하지 않기로 했다. 그러자 모든 것이 평화로워졌다.

만약 그때 그의 말에 집착했더라면 상황은 더 복잡해졌을지도 모른다. 하지만 그 과정에서 나는 닥친 문제에 대해 구성원들과 고민하고 소통하여, 하나의 결론을 내리고 서로 격려하는 경험을 했다. 그리하여 우리가 합의를 본 올바른 방향이라면 근거 없는 외부의 부정적 피드백에 흔들릴 필요가 없다는 교훈을 얻었다.

독립하는 구성원에게 박수와 격려를!

얻을 것이 없는 기업에서는 인재가 성장하지 않는다. 어떤 이유에서든 구성원이 성장을 꿈꾸며 독립을 하거든 오직 축복하고 응원하며 등을 떠밀어야 한다. 독립할 때 사업 아이템을 우리 기업이 가진 노하우를 바탕으로 시작한다면 '아, 우리 아이템이 저 정도로 좋다는 증거구나'라고 보면 족하다. 회사 자금을 횡령하거나 소유권 분쟁 소지가 있는 권한 침범이 없는 이상 "네가 그럴 수 있냐?"라는 말만큼 설득력 없고 못난 반응은 없다고 생각한다. 독립하여 우리 기업보다 더 성장하면 '우리가 정말 훌륭한 인재와 함께 했었구나'라는 증거이고, 성장하지 못하고 있다면 손을 내밀어주는 것이 마땅하다. 물론 쉽지는 않은 일이다. 그런데 그만한 최선이 없다는 것을, 다양하고 수많은 사례로 경험을 했기에 나는 확신한다.

다음과 같은 3가지 마음을 간직하자

- 구성원들의 성장과 독립을 질투하지 말고, 박수 치며 보내주자.
- 자식도 품안의 자식일인데 기업에서 구성원이 성장하고 독립하는 것은 너무도 당연하다.
- 그만큼 기업에서 일하며 얻은 경험이 성장을 도왔다는 의미이다.

만남과 떠남에 의연한 대처를

사회적 기업을 운영하다 보면 많은 저명인사를 만난다. 가끔은 정책 제안을 해달라고 요청받기도 하고, 정치를 해볼 생각이 없느냐는 제안도 받는다.

가진 것보다 높이 평가받기도 하고, 기여하는 양보다 과분하게 칭송받기도 한다. 그러다 보면 그 드높은 칭송과 제안들이 달콤하게 느껴질 것이다. 바로 그때 위기가 닥쳐온다. 사람들은 떠나기 시작하고 숨어 있는 문제들이 드러나기 시작한다.

ODS를 창립할 때부터 함께했던 동료들에게 이런 말을 한 적이 있다.

"혹시 제가 오만해지거나, 권위적이 되거든 반드시 꼬집어 말해주세요, 만약 듣지 않거든 그때 저를 떠나거나 버려주세요."

다행히도 아직 창립 동료들은 나를 떠나거나 비난하거나 버리지 않았다. 다만 2명은 독립하여 비슷한 사업체를 꾸리고 있다.

또 한 번 3가지 마음을 간직하자.

- 사회적 기업은 사람이 중심인 기업이다. 그러므로 사람을 좋아해야 한다.
- 하지만 사람에게 기대거나, 과대·과소평가하지 말아야 한다.
- 사회적 기업가로서 포기해야 할 것은 바로 대상을 막론한 막연한 '기대'다.

8장 _____

이야기를 해라

사람마다 제 몫이 다른 것이고
그래서 직업이 다 다른 것이다.
그러니 자기 몫에 대해서 당당해라

- 무위당 장일순 〈나는 미처 몰랐네 그대가 나였다는 것을〉 중에서

1 누구에게나 이야기는 있다

자신의 이야기를 만들어라

교육을 받으러 가든, 컨설팅을 받으러 가든, 사회적 기업 초기에는 어딜 가든 지겹도록 듣는 이야기다. 누구에게나 이야기, 즉 스토리가 있으니 발굴을 하란다.

"근데 이게 사업 초기부터 만들어지나?"라는 반감이 들 정도다.

"뭘 한 것도 이룬 것도 없는데 남들에게 들려줄 이야기를 발굴하라고?"

이런 독촉을 받을 때마다 불만이 하나씩 더 는다.

나도 예외는 아니었다. 2012년 4월부터 다문화 사회적 기업 육성 프로그램에 참여했고 같은 해 10월 교육 과정을 겨우 수료했는데, 그해 12월에 100여 명의 관계자 앞에서 '스타트업Start up'이라는 제목으로 ODS와 나의 이야기를 15~20분 정도 발표하라는 게 아닌가?

육성 프로그램을 후원한 기업과 주관하고 운영한 기관의 관계자들, 다문화를 키워드로 활동하는 전국의 다양한 기관과 단체장들, 주관 부처 담당자들, 언론사들도 온다는데 무슨 이야기를 해야 하는 건지 도통 감도 못 잡기를 며칠, 그냥 우리 기업 소개나 해야겠다 생각했는데 주관 단체 담당자한테 전화가 왔다. 모두 3개 기업이 발표할 건데 그중 세 번째로 발표하라는 것이다. 그리고 앞의 두 기업은 설립 과정과 하고 있는 일에 대해 주로 이야기하니, 내 발표 주제는 좀 달랐으면 좋겠다고 했다.

그때 약간의 어지럼증을 느꼈던 것으로 기억한다. 아직 많은 사람들 앞에서 발표하는 경험도 많지 않은 나에게 차별화까지 요구하다니…….

그때부터 이야기에 대해 진지하게 고민하기 시작했다. 발표와 스토리텔링에 관한 여러 도서를 구입해 읽어보고 자료도 찾아보았다. 그리고 고민 끝에 결론을 내렸다.

'거창한 비니지스 이야기 말고 내 이야기를 해야겠다. 더 보태지도 빼지도 말고 그냥 대화하듯이 담담하게 이야기하자. 발표 영상 자료에도 화려한 기법 따위 넣지 말고 내 이야기에서 꼭 기억해주었으면 하는 키워드만 몇 자 적자. 영상이 화려하면 사람들은 나를 기억하지 못하고 영상만 기억할 것이다. 양념 따위 넣지 말고

나를 주재료로 삼아 나를 각인시키자.'

주제를 찾기 위해 내가 사회적 기업 육성 과정에 참여하게 된 이유와 동기를 뿌리부터 탐색해보기로 했다. 탄생에서부터 가정 환경, 어린 시절의 경험들까지 하나하나 기억을 떠올렸다. 그리고 잊고 있는 줄 알았던, 아주 소소한 일상 같은 이야기지만 내게 변화를 주었던 경험이 떠올랐다. 나에게 '나눔이 주는 기쁨'을 처음 느끼게 해주었고, 나누지 않음이 주는 불편함 때문에 나누기 위해 노력하게 했던, 초등학교 6학년 시절의 기억이었다.

'인디언 과자'의 교훈

저는 그 시절 인디언들이 먹는 밥이라는 이름의 과자를 무척 좋아 했습니다. 고소한 맛에, 우유를 부어 먹으면 든든한 간식이 되어서 도 좋았지만, 무엇보다 과자 모양이 작은 부스러기 같아 아껴 오래 먹을 수 있었고, 한 번씩 나눠 먹어야 할 때 아주 조금씩만 덜어 내도 제법 양이 되어 보이는, 요즘 말로 '가성비'가 좋았습니다. 날씨가 아주 좋은 날 오후로 기억합니다. 동네 가게 앞에서 같은 반 친구를 만났습니다. 그 친구는 가게 앞에서 제가 가장 좋아하 는 바로 그 과자를 먹고 있었습니다. 저는 자석에 이끌리듯 친구 에게 다가갔고 씨익 웃으며 조금만 달라고 한 손을 내밀었습니다. 그런데 친구는 제가 예상했던 것보다 훨씬 많은 양을 나눠주었습 니다. 한 손으로 과자봉지를 잡고 한 손을 봉지 속에 스윽 집어넣

더니 봉지에서 겨우 나올 정도로 한주먹 가득 과자를 꺼내 제게 주었습니다. 저는 생각보다 많은 양의 과자를 받기 위해 자연스럽게 두 손을 공손히 모아야 했습니다. 제 두 손에 올려진 과자는 봉지 안에 있던 양의 절반은 되어 보였습니다. 혹시 친구가 실수라도 했나 싶어 슬쩍 눈치를 보았는데 그 아이의 표정은 너무나 무덤덤했습니다. 과자를 바삭바삭 소리 내 먹으면서 아주 해맑은 표정으로 나를 바라보고 있었습니다. 동생과 비스킷 하나로 다투던 저에게는 그 친구의 모습이 낯설었지만 후광이라도 비친 것처럼 멋져 보였습니다. '이만큼 주고도 저렇게 아무렇지 않을 수도 있구나.' 그리고 무엇보다 '아, 이만큼 받으니 정말 기분이 좋구나. 나도 친구들과 이렇게 나눠 먹을 수 있다면 친구들도 지금의 나만큼 기쁘겠지?'라는 생각이 들었습니다.

자칭 '내 삶의 인디언 과자 사건' 이후 제게는 작은 변화가 생겼습니다. 그 후부터는 과자든 과일이든 무엇이든 나누려 했고, 무엇보다 제가 가진 것의 반 이상을 내놓으려고 노력했습니다. 물론 처음부터 잘 되지는 않았습니다. 과자를 나눠주기 위해 그 친구처럼 주먹 가득 쥐었다가도 봉지 입구에서는 조금 덜어내기도 했으니까요. 나눔이란 것도 훈련이 필요한 일임을 그때는 몰랐지만 그렇게 조금씩 훈련을 해, 중학생 때는 과자를 사면 봉지를 뜯어 모든 사람 앞에 내놓을 수 있었습니다. 유치한 이야기 같지만, 누구라도 함께 먹을 수 있게 봉지를 열어 통째로 내놓는 일은 그 나이 또래에겐 쉽지 않은 일이었습니다. 새초롬하고 깍쟁이 같았던 제 곁에 친구들이 많아지고, 성격 좋다는 이야기를 듣기 시작했던 게 그때 무렵부터였던 것 같습니다.

이 기억을 시작으로 나는 사람들 앞에서 그냥 기업이 아닌 '나눔'의 가치가 중요한 사회적 기업을 선택하기까지 나 자신이 만들어져온 과정을 더 이야기했다.

그리고 기억을 더듬으면서 사건 하나하나에 의미를 더해 나갔다. 첫 번째 사업이 너무 힘들었을 때 종교인도 아닌 내가 하늘에 기도하며 나눔을 약속했던 일 등등…….

"하나님, 제게 다시 일어설 기회를 주신다면, 그리하여 10원이라도 순수익이 생긴다면 무조건 세상과 나누겠습니다."
폐업을 눈앞에 두고 절박했던 저는 실제로 이렇게 하늘에 기도했습니다.
"돈은 똥이다. 쌓아두면 악취가 나지만, 뿌리면 거름이 된다"고 말씀하시며 나눔을 평생 실천하신 강원도 정선 함백마을의 고 이인옥 할머니의 삶을 다룬 다큐멘터리를 보고 밤새 펑펑 울었던 경험은 돈과 나눔을 바라보는 저의 시각과 삶에 뚜렷한 변화를 만들어낸 결정적 동기가 되었습니다.

할머니는 평생을 일군 1만 6530제곱미터 땅을 모두 기부하고, 탄광촌이었던 강원도 정선에 자비로 학교를 세웠습니다. 가난하고 배고팠던 아이들은 학교에서 제공되는 식사로 배고픔을 견디고 가난을 이겨낼 지식도 채울 수 있었습니다. 놀라운 사실은 정작 이인옥 할머니 자신은 기초 수급자로 생활하셨다는 것입니다. 하루에 한 번 배달되는 도시락으로 세 끼를 해결하고, 그나마 국가에서 조금 나오는 생활비도 모아서 가난한 아이들의 장학금으로 내놓으셨습니다.

"별거 아니라도 나누면 좋잖아"라고 말씀하시며 웃으시던 할머니……

모든 사람이 고 이인옥 할머니 같은 삶을 살아갈 수는 없습니다. 하지만 그분은 '나눔'이라는 가치 실천을 꿈꾸는 저의 롤 모델입니다. 할머니의 미소 가득한 사진은 지금도 제 휴대폰 안에 있습니다. 그리고 그 따뜻한 미소와 마음은 영원히 제 가슴속에 자리 잡고 있을 것입니다.

네버 엔딩 스토리

나는 이 이야기를 18분 동안 100여 명 앞에서 떨리는 목소리로 풀어냈고 많은 박수와 격려를 받았다. 그리고 그 후로는 굳이 기억을 더듬고 찾지 않아도 스토리는 누적되기 시작했다.

찬찬히 돌아보면 누구에게나 누적된 동기와 이야기가 있다. 그 이야기들을 그림을 그리듯, 소설에서 장면을 묘사하듯 표현하면 그것이 스토리가 된다. 지어낸 이야기일수록, 나의 진짜 이야기가 아닐수록 세밀함은 떨어진다. 세밀하고 진실할수록 일상은 사건이 되고, 이야기가 된다.

이야기는 누구에게나 있다. 단지 탐색하지 않았고, 스토리텔링이라는 형식의 그릇에 담지 않았을 뿐이다. 사회적 기업 초기, 이야기는 이렇게 탐색하고 다듬어서 소박한 그릇에 담아 내놓으면 된다. 그리고 이후 이야기는 시간과 노력이 만들어준다. 이야기란 그냥 이야기 아닌가? 이야기를 만들기는 힘들지만 있었던 일들을 저장해두었다가 이야기한다면 훨씬 쉬워진다. 기업의 이야기란 곧 기업 가치관을 담은 에피소드라고 생각한다. 그 에피소드들을 모으면 기업의 역사가 되고 문화가 된다.

ODS에서는 매해 일반인을 대상으로 다문화 사회의 이해를 돕는 교육 과정을 운영한다. 그 교육 과정에는 교육현장에서 일하는 사람들이 많이 참여한다. 공교육 교사, 사회복지사, 상담사, 한국어 강사, 다문화지원센터 직원에서 센터장까지⋯⋯. 그들이 이 교육 과정에 참여하는 이유는 대부분 교육현장에서 부딪히는 문제에 제대로 대처하지 못해서다.

"어떻게 말해야 할지, 무엇을 해줄 수 있을지 모르겠어요"라고 말한다.

ODS는 그들의 경험 중 이야기 하나를 그림책으로 펴냈다. 이

일은 ODS의 또 하나의 스토리가 되었다.

어떤 인생에도 감동은 있다

스토리의 가치를 스스로 판단할 필요는 없다. 진솔하게 이야기를 풀어놓으면 가치를 부여하든, 감동을 하든 그건 듣는 이의 몫이다.

그리고 스토리를 담아낼 때나 듣는 이가 그 스토리의 가치를 판단할 때 가장 중요한 것은 사실과 진실이다. 나는 진심이 담긴 사실만이 감동을 준다고 믿는다.

잘 다듬은 시기적절한 스토리는 필요하다.

스토리는 누구에게나 있다. 그러므로 지금부터 숨어 있는, 또는 잊고 있던 나만의 스토리를 반드시 찾아내기 바란다.

2 피가 되고 살이 된 마케팅 교육

모든 문제에는 더 나은 답이 있다

나는 이 명제를 믿는다. 그래서 ODS가 가진 문제들의 답을 찾고자 대구 지역 사회적 기업 지원 기관인 '커뮤니티와 경제'에서 주최한 마케팅 교육에 참가 신청을 했고, 2014년 10월 팔공산 숲속의 한 연수원에서 마케팅 교육가로서 제법 유명한 오승훈 공익마케팅스쿨 대표와 만남을 가졌다.

마케팅 교육이라 하니 나는 '아! 잘 파는 법을 배울 수 있겠구나'라고 생각했다. 교육 참가자들(참가자들은 대부분 사회적 기업, 마을기업, 협동조합의 대표나 임원들이었다)과 이야기를 해보니 모두 같은 생각이라고 했다.

하지만 오승훈 대표는 잘 파는 방법에 대해 이야기해주지 않았다. 단지, 판로란 소비자가 다니는 길목이라고 말했다, 그러고는 교육 시간 내내 참가자들에게 돌아가며 그 기업은 무엇을 팔고 있는지, 왜 그것을 파는지, 누구에게 파는 것인지 세 가지 질문만 반복했다.

그런데 참 희한하게도 대부분의 참가자들은 자기 회사가 '무엇을 파는지'에 대해 명쾌하게 정리해내지 못했다. 특히 서비스업의 경우 구구절절 창업 동기와 사연을 이야기했다. '왜 파느냐'는 물음에도 정리된 답을 내놓지 못했다. '누구에게 파느냐'라는 질문에는 모든 참여 기업의 목표 소비자가 전 국민이 되는 현상이 벌어졌다. 이어서 오승훈 대표는 해당 기업의 상품과 서비스를 다수의 사람들에게 파는데 '왜 꼭 사회적 기업이어야 하느냐'고 마지막 펀치를 날렸다. 그 과정에서 참가자 중 몇 명이 교육을 포기했다. 자신들한테 맞는 교육이 아닌 것 같다면서……

오류와 한계 인정하기

지금 생각하면 그때 교육 과정을 중도에 포기한 몇 명은 오류와 한계를 스스로 인정하기 싫었던 게 아니었을까 싶다. 자신의 오류와 잘못을 인정하는 것은 쉽지 않다. 교육을 통해 고정된 관념을 바꾸기는 더 어렵다. 막연하게 사회적 기업이라는 자긍심으로 버텨온 참가자들에게 객관적으로 자신을 들여다보고 스스로 평가하게 하는 것은 더욱 어려운 일이다. 교육자가 입바른 소리를 하기 위해서는 비난받을 각오를 해야 한다. 자존심으로 똘똘 뭉친 피교육자들이 모두 강의장 밖으로 뛰쳐나갈 수도 있음을 각오하고,

'단 한 명이라도 올바른 자기 탐색과 평가를 할 수 있게 된다면 족하다'라는 배짱이 필요하다.

오승훈 대표는 그걸 해냈다. 몇 명은 포기하거나 뛰쳐나갔고, 몇 명은 버텨냈고, 몇 명은 변화하기 시작했다. 나는 그걸 해내는 오승훈 대표에게서 이론과 실제의 일치를 보았다. 오승훈 대표는 다소 가학적인 교육 과정을 통해, 중도에 포기하는 사람들을 버렸고, 본인이 전달하려는 메시지를 이해하고 실천할 사회적 기업이 스스로 남는 환경을 만들어냈다. 교육 과정을 완주한 사회적 기업가들은 오승훈 대표의 메시지에서 자리를 지켜도 될 만한 가치를 본 것이다.

우연의 일치일까? 그때 그 치열했던 교육 과정을 포기하지 않고 완주한 기업들은 지금까지 모두 사업을 성장시키며, 지역의 대표적인 사회적 기업으로 자리 잡아가고 있다.

선택과 포기

마케팅은 무언가를 선택하는 과정이 아니다. 오히려 조금 덜 필요한 것들을 버리거나 포기하는 과정이다. 소비와 판매도 마찬가지다. 소비는 '무엇을 살 것인가?' 선택을 하는 것이 아니라 나에게 조금 덜 가치 있는 것들을 골라내는 과정이며, 판매하는 행위 역시 내가 팔고 싶은 것을 포기하고, 팔릴 만한 것을 선택하는 과정이다. 선택이 아니라 포기하고 버리는 법을 배우는 데 꼬박 사흘

이 걸렸다.

그리고 사회적 기업이라면, 선택하기 위해 포기할 때의 모든 판단 기준이 그 기업의 미션에 기준해야 함을 인정하고 이를 실천하겠다는 결심을 하는 데 하루가 더 걸렸다. 그리하여 나와 ODS가 해결하고 이루어야 하는 많은 문제들 중 우선 순위 4가지를 정리했다.

세상에서 가장 못난 꽃 _ 자기합리화

교육 중 자신이 속한 기업과 그 기업이 무엇을 팔고자 하는지를 쩔쩔매며 설명하는 다른 사람들의 모습에서 나는 나 자신과 ODS의 모습을 투영할 수 있었다.

그 결과 나는 우리 기업의 정체성과 팔려는 상품을 설명할 때 단어 하나하나 선택하는 데 온힘을 기울였다. 상대가 갖는 의문에 답하는 형태가 아니라 짧은 설명에도 고개를 끄덕이게 할 수 있는 키워드를 찾는 것이 최고의 광고 카피임은 분명한데, 그 키워드를 찾아내기란 쉽지 않았다. 솔직히 지금도 찾고 있다. 또한 시대가 변함에 따라 시대에 맞는 적절한 키워드를 찾는 일은 기업이 존재하는 한 계속될 것이다.

사업의 목적은 자신의 변화가 아니라 상대의 변화다

내가 팔고 싶은 것을 팔고 있는지, 상대에게 또는 고객에게 필요한 것을 팔고 있는지를 돌아보라 했다. 몇 번을 고객과 대화하고(묻지 말고 대화해야 한다), 고객이 사용하는 것을 지켜보고 관찰해보았는지? 고객의 입장에서 사용해보았는지? 고객으로부터 솔직한 피드백을 받은 적은 있는지? 질문을 받았지만 고개만 숙였다.

생각보다 많은 기업들과 창업자들이 실행하지 않고 있다고 했다. 그런데 상업적으로 탁월한 기업들은 이것이야말로 마케팅 활동 중 가장 중요하게 여기는 부분이라 했다.

왜 그들은 성공하고 우리는 실패하거나 제자리인 걸까?

사회적 기업들이 모두 상업적이 될 필요는 없지만 상대나 고객이 공감하거나 필요를 느끼도록 만드는 전략, 그것이 마케팅임을 배웠다.

정성적 평가의 정량화는 반드시!

사회적 기업의 가치가 정량적 가치보다는 정성적 가치로 평가되는 것은 당연하고 바람직하다고 생각한다. 하지만 정성적 가치는 어떻게 검증할 것인가? 정량화가 반드시 숫자로 이루어질 필요는 없다. 또한 숫자의 크기도 문제가 되지는 않는다. 하지만 적어도 1명에게는 지대한 영향을 미쳐야 한다. 그래서 그 변화의 크기를 나름의 창의적 방법으로 정량화해야 하다

그리하여 소비자에게 사회적 소비 활동을 하여 생긴 결과로

보여주는 것이다. 고객은 보여준 대로 움직이기 때문이다.

그리고 무엇보다, 사회적 기업이라면 소셜 미션에 미쳐야 한다. 오직 그 가치에 준하는 선택을 해야 한다. 고객 감동은 그렇게 만들어지는 것이다.

아래의 요약 문장은 ODS의 도약의 동기가 되었던 마케팅 교육에서 내가 적은 것들이다. 어려운 문제가 생기거나 복잡한 고민들의 해답을 찾기 힘들 때 꺼내어 보면 신기하게도 생각이 단순하고 명료해지면서 나름의 해결책들을 찾아낸다.

MEMO

#차별화란 더 나은 게 아니라 다른 것이다.

#설명이 필요 없는 제품을 만들어라. 경쟁자보다 낫다가 아니라 '우린 달라요'가 맞다. 그러니 경쟁사를 닮아가지 마라.

#약점은 버리고 강점을 강화하라! 전략의 끝은 상충 관계가 되어야 한다 저가 항공과 고급 항공사처럼.

#누군가를 선택한다는 것은 누군가를 포기하는 것이다. 그 과정의 연속이 타게팅targeting이다.

#집중의 대상이 많으면 전달하려는 메세지가 흐려진다.

#고객을 쫓지 말고 당겨라.

#구매자의 이익을 쫓다보면 판매자의 이익도 발생한다. 그러기 위해서는 구매자의 이익을 잘 볼 수 있어야 한다. 보이지 않는 것을 보이게 하는 것이 마케팅이다.

#마케팅은 구원투수가 아니라 선발투수다. 기획 단계부터 고객의 필요needs를 파악하고, 고객이 가지고 있는 장애물을 제거한 후 팔아야 한다.

#needs란 무언가 결핍된 상태를 말하고, 마케팅은 '없다'라는 사실을 인지시키는 것이다.

#경쟁자는 고객이 아니라 고객의 행동을 좌우하는 가치에 있다.

#고객이 그 문제를 해결하기 위해 선택하고 있는 방법에 집중하라.

#경쟁에서 이기려면 상품 인식의 기준을 바꾸어라.

#선택이 아닌 버리는 과정을 통해 상품과 고객에 대한 개념을 단순화하고 명료화해라.

3 진짜 사회적 기업들

참된 사회적 기업가로서의 길은?

'나는 진짜 사회적 기업가인가?'

'내가 꾸는 꿈은 허상인가?'

끊임없이 스스로에게 '그럼에도 불구하고?'라는 질문을 던지고는 완벽히 답하지 못하면서도 무엇인가로부터 견인되는 느낌으로 다시 사회적 기업가로서의 길을 걸어가고 있다.

모든 것에 확신을 가지고 활동한다면 당연히 멋지겠지만, 불행히도 우리 사회에는 확신에 찬 사회적 기업가보다는 나처럼 혼란 속에서 길을 찾아가는 사회적 기업가들이 더 많은 것이 현실이다. 하지만 이를 부정적으로 보지는 않는다. 갈등한다는 것은 과정이다. 갈등을 통해 확신과 길을 찾아가는 것이리라.

치열한 갈등을 마무리하고 참된 진짜 사회적 기업으로 우뚝 선 사례가 있다.

  '제너럴 바이오'의 서정훈 대표와 카페 '자리'의 신바다 대표다.

  내가 그들을 진짜라고 생각하는 이유는 두 사람에게는 갈등 단계를 마친 확신이 느껴지기 때문이다. 확신이 없이는 성공을 넘어선 변화를 주도하고자 선언하지는 않기 때문이다.

'제너럴 바이오'_ 변화와 혁신을 꿈꾸고 실행하다

  사회적 기업 제너럴 바이오 서정훈 대표는 ODS가 아직 예비 사회적 기업이 되기 전 국민대학교 대학원 디자인 랩에서 CI 디자인을 지원받기로 선정되었을 때 처음 만났다. 제너럴 바이오는 자체 생산하는 화장품의 브랜드 네이밍과 디자인 지원 기업으로 함께 선정되었다. 그 뒤로는 따로 만나본 적이 없다.

  그 낭시 서정훈 대표에게 들은 이야기가 기억에 강하게 남아 있다. 그는 자녀의 건강 때문에 서울을 떠나 전라도 완주에서 제너럴 바이오를 시작하게 되었다면서, 아토피 자녀를 가진 사람들 모두에게 배송비 부담만으로 아토피 치료제나 치유용 보조 제품들을 공급할 수 있는 방법을 고민한다고 했다. 그리고 제너럴 바이오에서는 직원을 이력서 제출 선착순으로 선발한다는 이야기들을 들으면서 사회적 기업가로서 앞서 있고 조금 남다른 사람이라고 느꼈다. 하지만 제너럴 바이오의 진짜 이야기는 지금부터다.

제너럴 바이오는 전북 완주군에서 친환경 주방세제, 세탁세제 등의 생활용품과 바이오 식품, 기능성 화장품을 제조하고 있으며, 구성원 중 장애인이 30퍼센트, 취약계층 비율이 60퍼센트가 넘으며, 연간 매출이 400억에 이르는 성공한 사회적 기업이다.

하지만 서정훈 대표의 목표는 성공한 사회적 기업이 아니고 세상을 바꾸는 기업이 되는 것이라고 한다. 그의 말에는 확신에 찬 신념이 느껴진다. 그 역시 여느 사회적 기업가처럼 외로움도 느끼고 내적 갈등도 겪었을 것이다. 다만 다른 점은 그 불확실한 정체성에서 오는 갈등을 극복했다는 것이다.

약 5년 전, 제너럴 바이오는 성공한 사회적 기업의 사례가 되었고 매출도 늘어나고 많은 사람들의 응원도 받았지만 회사는 정체기를 맞이했다고 한다. 그때 직원들과 회사 관계자들과 회사의 방침을 둘러싸고 견해차가 있었고 이해관계로 충돌도 했다. 관계의 문제가 드러나기 시작한 것이다. 처음에는 장애인과 취약계층을 고용하니 응원도 하고 찬사를 받았지만, 시간이 흐르면서 서정훈 대표는 여느 한국의 사회적 기업가들처럼 외로움을 느꼈고, 관계에서 발생한 문제들은 그를 의기소침하게 만들었다.

바로 그 시점에 그는 스펜서 존스 박사가 쓴 책《선물Present》을 읽고, '현재는 선물'이라는 구절과 '소명'이라는 말이 가슴에 꽂혔다고 한다.

그는 이렇게 말한다.

> 사회적 기업도 세련되게 영리를 추구하고, 이익을 창출할 만큼 경쟁력을 갖추어야 합니다. 더욱이 장애인, 취약계층 직원과 일반 직원들을 잘 아울러 사업에 동참하게 만들려면 오너에게 굳건한 의지는 물론 나름의 철학이 있어야 합니다. 그렇게 치열하게 살다 보면 문득 힘들고 외로울 때가 있어요. 이때 이 구절이 저를 다독이고 다시 단단하게 만듭니다.

서정훈 대표는 '소명'이라는 말이 사회적 기업가와 잘 어울린다며, 자신의 경영철학과 방침을 잘 수긍하지 못하는 사람들에게 자신의 소명을 이야기한다고 한다.

그는 성공한 사회적 기업을 뛰어넘어 사회를 변화시키는 혁신형 기업을 꿈꾸고 행동에 나섰다. 유통 자회사인 지쿱을 설립하고 공정 네트워크 마케팅을 통해 제네럴 바이오의 제품들을 전 세계로 유통하여 글로벌 유통 강자로 키우는 꿈을 꾸고 있다.

제네럴 바이오는 초등학교 교과서에 사회적 기업의 사례로 실렸다. 글로벌 사회적 기업 인증인 '비코프BCorp/Benefit Corporation'를 받았고, 2018년 3월 현재 코스닥에 진입하는 사회적 기업 1호 자리가 예약되어 있다.

카페 '자리'_ 위기 청소년에게 손을 내밀다

'자리ZARI'는 커피를 매개로 위기 청소년들의 경제적·정서적 자립을 돕는 사회적 기업이다.

자리의 신바다 대표는 자신의 과거를 이렇게 이야기한다.

> 홀어머니 아래서 일찍 가장이 되었어요. 빨리 돈을 벌고 싶어 고등학교를 자퇴했죠. 하지만 중졸인 열일곱 살짜리가 할 수 있는 일은 많지 않았습니다. 정말 갖가지 많은 일을 하며 누구보다 치열하게 살았습니다. 흙수저라구요? 저는 일회용 플라스틱 수저였습니다.

카페 '자리'의 출발은 2009년 부천에서 단돈 300만 원으로 문을 연 카페 '음자리'다. 신바다 대표가 IT회사 근무 시절 경험한 홍대 앞 카페 문화를 벤치마킹한 '카페 음자리'는 부천의 명소로 입

소문이 나며 금방 자리를 잡았다. 그러다 인천의 청소년 재단으로부터 청소년들이 카페를 창업하려는데 도와달라는 요청을 받았고, 이때부터 위기 청소년 문제와 카페 사업의 접목을 고민하기 시작했다.

그로부터 7년이 흐른 지금 커피회사 '자리'는 연매출 10억 원을 넘는 사회적 기업으로 성장했다. 신바다 대표는 이렇게 말한다.

중학교만 졸업해도 또는 사회가 규정해놓은 틀을 벗어난 사람들도 멋지게 성공할 수 있는 사회를 만들고 싶습니다. 한국의 위기청소년 비율은 17퍼센트로 87만 명에 이릅니다. 위기청소년이란 학교 밖 또는 가출 청소년을 이르는 말인데, 이들의 자립을 돕는 것이 카페 '자리'의 미션입니다.

신 대표가 내건 카페 '자리'의 사회적 가치는 위기 청소년들이 꿈을 향해 달려가듯 진로를 찾아가는 꿈자리, 정당한 대우를 받고 안정적으로 일할 수 있는 일자리 그리고 편히 쉴 수 있는 쉼자리를 마련하는 것이다. 이를 이루기 위해 '자리'는 교육과 채용, 주거 해결이라는 3대 과제를 세우고 실행하고 있다. 정규 교육 과정을 마치지 못한 청소년들을 대상으로 무료 직무교육을 시행하고, 이를 기반으로 채용이 이루어지도록 도우며, 안정적인 주거 공간을 마련해주는 일이다. 지난 6년 동안 2000명이 넘는 위기 청소년들이 무료로 바리스타 교육을 받았다.

커피는 쉽게 접근할 수 있는 매개일 뿐, 모두를 바리스타로 키워내겠다는 건 아닙니다. 다양한 경험을 할 수 있도록 일거리도 파트타임으로 제공하되 최소 시급을 8000원으로 책정해 최소 생활은 유지하게 도와줍니다. 주거는 무료로 제공하구요. 1년쯤 뒤에는 각자 자립 기반을 마련하는 것이 목표입니다.

그렇다면 신바다 대표의 흔들림 없는 미션에 대한 확신과 실행력은 어디서 오는 것일까?

중졸인 제가 작년에 우리 나라의 인재들이 모여 있다는 서울대학교에서 특강을 했습니다. 직원 중에는 대학을 나온 사람들도 있구요. 저는 아이들에게 말합니다. "어둠이 있었기에 나중에 더 빛나 보일 수 있다"고요.
가난과 배우지 못한 것이 짐이 될 수도 있지만 날개가 될 수도 있음을 명심하세요. 이를 날개로 만드는 것은 오롯이 당신들의 몫입니다.

신바다 대표가 재소자들을 교육할 때 자주 하는 이 이야기 속에는 그가 삶을 바라보고 대하는 태도와 이를 바탕으로 한 저력이 느껴진다.

나는 왜 사회적 기업을 선택했는가?

제너럴 바이오의 서정훈 대표와 카페 '자리'의 신바다 대표의 사례는 끊임없이 흔들리고 갈등하는 나처럼 약한 사회적 기업가에게 가야 할 길을 보여주고 명분을 부여한다.

왜 사회적 기업을 선택했냐고 묻는 사람들에게 나는 "이럴 줄 몰랐거든요"라고 답변한 적이 있다.

진심이었다. 머릿속에 온갖 아름다운 그림과 이상적 미래를 꿈꾸며 사회적 기업을 시작했는데 현실은 개인 사업체를 꾸리고 운영하는 것보다 몇 배는 번거롭고 힘들었다. 가끔 내가 왜 편한 길을 놔두고 이렇게 거친 길을 선택했을까? 되물을 때가 있다. 물론 명쾌한 답을 내리지는 못한다. 하지만 질문을 뒤집어 "그래서 이제 사회적 기업을 그만둘 것인가?"라고 다시 물어보면 "그렇지는 않아요"라고 금세 답한다.

그리고 스스로에게 또 질문을 해본다. "만약 지금 사회적 기업을 시작하기 전이라면 사회적 기업을 선택하지 않을 것인가?"

그러고는 피식 웃고 만다. 평소에 힘드네, 골치 아프네, 어쩌네 투덜거리면서도 나는 다시 사회적 기업을 선택할 것이 뻔히 보였기 때문이다

사회적 기업가로서 나는 행복하다

나는 타고난 이타주의자도 아니며, 모든 행복의 시작은 나의 만족과 행복으로부터 시작됨을 믿는 사람이다. 개인주의적이고, 가족주의적인 소시민일 뿐이다. 그럼에도 불구하고 다시 사회적 기업을 선택하게 되는 이유를 생각해보았다.

첫 번째, 아내이자 엄마인 나를 가족들이 자랑스러워하기 때문이다. 가끔 남편은 일중독이라는 둥, 수입이 너무 적다는 둥 볼 멘 소리를 하지만 막상 사람들을 만나면 아내가 어떤 일을 하고 있는지 말하며 어깨에 힘이 들어간다고 한다. 아이들은 엄마인 나를 슈퍼맨 친구쯤으로 생각한다. 좀 더 성장하면 환상이 어느 정도 사라지겠지만, 자랑스러운 부모가 꿈인 내게 사회적 기업가라는 직업은 최상의 선택일지도 모른다.

두 번째, 나 스스로 느끼는 자부심과 도전 의식, 성취감 때문이다. 직업과 직장을 선택하는 첫 번째 조건이 '얼마나 버느냐'일 수 있지만, 선택한 직업과 직장을 유지하는 첫 번째 요인은 적성과 자부심이다.

세 번째, 이제서야 대의적인 이유다. 우리 마을과 도시와 사회가 다양성을 인정하고 조건 없는 어울림이 이루어지는 문화. 내 아이들과 아이들의 후손들이 그런 사회에서 살아가기 원하기 때문이다. 제너럴 바이오의 서정훈 대표는 이런 꿈을 이루기 위한 실행에 자신을 던지는 이유가 '소명' 때문이라고 했다. 그러니 나의 소박해 보이는 동기에도 '소명'은 있는 것이다.

결정적 선택의 이유가 꼭 대의적이고 거대한 필요는 없다. 그저 명확하면 된다.

변화와 혁신을 꿈꾸고 실행하는 것이 소명인 제너럴 바이오처럼.

꿈자리, 일자리, 쉼자리를 만들어가는 것이 소명인 카페 '자리'처럼.

"대표님은 사업가라기보다는 활동가이시군요."

대구에서 예비 사회적 기업 문화창조 놀이터 ETC를 이끌어가고 있는 박성백 대표가 어느 모임에서 내게 이렇게 말을 건넸다.

"네? 제가요?"

예상치 못한 이야기에 작은 내 눈이 둥그레졌다.

"제가 활동가인가요?"

"그야 이 대표님은 명분이 있는 곳으로 가지, 돈이 있는 곳으로 먼저 가지 않으니까요. 보세요. 오늘 이 자리도 우선 돈을 벌고자 하는 사람들은 아무도 오지 않았습니다. 이 대표님은 여기에 왜 오신 거죠?"

한 대 맞은 듯 잠시 멍했다.

그때까지만 해도 나는 내가 사업가라고 생각하고 있었기 때문이었다.

나는 사업가인가? 활동가인가? 고민이 깊어졌다.

하지만 이 고민이 사업가와 활동가를 흑과 백처럼 양분하는 사고에서 출발했음을 깨닫는 데 그리 오래 걸리지 않았다.

영남대 경영학과 전인 교수는 내게 이렇게 말했다. "사회적 기업가로 성공하기 위해서는 평균대 위의 체조선수처럼 균형을 잘 잡아야 합니다."

활동가로서의 명확한 문제 인식, 해결을 위한 행동력과 더불어 사업가로서의 수완과 경영 능력도 사회적 기업가에게는 모두 필요하다는 의미일 것이다.

그 말과 의미에 동의하지만 쉽지 않은 일임은 너무나 잘 알고 있다.

기업의 지속을 위한 최소한 또는 그 이상의 성취를 끊임없이 이루어내야 하기에 압박감 역시 만만찮다. 하지만 사업가로서 동시에 활동가로서 살아가는 일은 지금까지의 개념과는 다른 지점의 새로운 직업에 종사하는 듯해서 제법 신명나는 일이기도 하다.

그래서 나는 날마다 활동가로서의 나와, 사업가로서의 내가 교차되거나, 충돌하거나, 일체가 되어 매 순간을 판단하며 ODS와 함께 성장하기로 하고, 오늘도 아슬아슬 균형을 잡아간다.

어쩌면 이 책이 나올 때쯤, ODS는 구성원들이 바뀌었거나 그 수가 줄었거나 혹은 늘었거나, 사업 모델도 바뀌었거나, 추가되었거나, 사업 목표가 바뀌었을지도 모른다.

최악의 경우 폐업 수순을 밟고 있을지도 모르겠다.

그래서 이 글을 계속 써야 할지, 책으로 나와도 괜찮을까? 많이 고민했고 솔직히 지금도 갈등 중이다.

성공한 사업 모델도 아니고, 단지 견디고 있는 모델 중 하나일 뿐인 보잘것없는 작은 기업의 이야기를 사람들이 읽을까? 읽고 나서 비난하지는 않을까?

하지만…… 내가 사회적 기업을 준비하는 예비 사회적 기업가라면 어떤 이야기를 듣고 싶을까? 선배들이 어떠한 경험을 나누어주길 바랄까? 나와 비슷한 경험들을 한 선배들의 이야기를 나라면 듣고 싶어할까? 이런 질문을 다시 한번 스스로에게 던져보고는 에필로그를 쓰게 되었다.

무엇보다 사회적 기업에 대해 전혀 알지 못하는 BmK 출판사 안광욱 대표님이 초고(톨스토이는 세상의 모든 초고는 쓰레기라 했다)를 읽고 '세상에 꼭 필요한 책'이라며 출간 계약을 제안해주신 마음에 다시 용기를 내어본다.

말에는 이루어가는 힘이 있다 했다. 흘러가는 말이 그러할진대, 인쇄되고 남겨지는 글의 힘이야 오죽할까?라는 희망을 가지고 내가 말한대로, 내가 쓴 대로, 내가 꿈꾸는 대로 이루어지리라는 주문을 걸어본다.